ソシオ情報シリーズ 24

デザインと社会情報学

―感性デザインから行動デザイン、社会デザインまで―

目白大学 社会学部 社会情報学科［編］

三弥井書店

はじめに

　目白大学社会情報学科は、2024年度に開設25周年を迎えた。この間、「デザイン」というコンセプトは、学科の学びにおける、幅広い領域・分野にわたって、その位置づけを高めてきた。このことは、学科のユニット名やコース名、科目名等に数多く用いられてきたことからもうかがえる。当初は、「ファッションデザイン」、「インテリアデザイン」、「Webデザイン」、「メディアデザイン」といった「意匠」を意味するものが中心であったが、この10年ほどは「空間デザイン」、「社会デザイン（ソーシャルデザイン）」、「ブランドデザイン」、「コミュニケーションデザイン」、「エコデザイン」など、何らかの課題解決や価値創造に向けた「設計」というニュアンスが強まっている。社会情報学（科）のキー概念が「（社会）情報」であることは論を俟たないが、学際的な発想の融合が進み、「設計科学」としての学問的意義が高まるにつれて、「情報からデザインへ」と拡張していく社会的潮流は、梅棹忠夫の慧眼が示すとおり着々と進んでいる。

　こうしたデザイン的な発想や視点は、本学科における特徴の一つとなっており、「デザイン」というコンセプトに対し、「情報」にもとづく学科独自の解釈を行っている。それは、「課題解決に向けて、様々な情報（パターン）を創意工夫して編集・設計することにより、目的にふさわしい情報（パターン）を生成・創造・表現すること」である。課題解決という「目的」には、社会問題の改善をはじめとして、イメージ・意味・価値の創造・付与、利便性・快適性・機能性の実現、自己表現・自己実現などが考えられる。その目的に向けて、形象や色彩、記号・言語、知識・知恵・アイディアなど様々な情報（パターン）を創意工夫して組み合わせ、布置し、関連づけ、構造化する編集・設計「手法」がとられる。その「成果」として、表現物（意匠等）、知識・知恵やアイディア・ビジョンといった目的にふさわしい情報（パターン）が生成・創造・表現されるのである。

　このように、「デザイン」を社会情報学と関わりの深いコンセプトとして統一的に理解することも可能であるが、社会の現実場面における実践のあり

はじめに

方は、きわめて多岐にわたる。そこで本書では、感性デザイン、行動デザイン、社会デザインという枠組みを設け、そうした流れのなかで各章の内容が緩やかに展開していくように配置している。本書を通じて、読者が各トピックに関する知見や認識を深めるとともに、社会情報学とデザインの関わりについて何らかの示唆が得られれば、編者として望外の喜びである。

なお、各章で記述・表明されている内容や意見・主張、その根拠となるデータ等は各執筆者の研究成果にもとづいており、執筆者個人が一切の責任を負うものである。大学や学科としての公式の立場・見解ではないことを、あらかじめお断りしておく。

最後に、三弥井書店で編集をご担当の吉田智恵さんには、今回も数多くのご面倒をおかけしましたが、一つひとつに親身に対応いただきました。この場を借りて、御礼申し上げます。

2025年1月

編　者

梅棹忠夫（1989）『情報論ノート ―編集・展示・デザイン―』中央公論社.

目　次

はじめに …………………………………………… 編　者　1
目　次 …………………………………………………………… 3

第1章　小さな布をめぐる社会と情報
　　　　―「つぎはぎ」と「パッチワーク」の
　　　　　メディアによる印象形成―　　　　江良　智美　5

第2章　Z世代の香水との付き合いかた
　　　　―「インテリア化」するパッケージデザイン―
　　　　　　　　　　　　　　　　　　　　　竹山　賢　17

第3章　色彩マーケティング　　　　　　　　長崎　秀俊　33

第4章　「遊び心」の強み　　　　　　　　　藤巻　貴之　41

第5章　自分探しの迷宮
　　　　―「なんでも'MBTI'」の虚像とデジタル社会の鏡―
　　　　　　　　　　　　　　　　　　　　　馬　珊珊　57

第6章　監視資本主義の現在（いま）とBeRealの社会的意義
　　　　　　　　　　　　　　　　　　　　　山口　達男　75

第7章　災害避難行動をめぐる意思決定メカニズム
　　　　―モデル化の試み―　　　　　　　　内田　康人　89

第8章　「コミュニティの再生」の意味
　　　　―「プロセスとしてのコミュニティ」と現象学的
　　　　　社会学の視点から―　　　　　　　廣重　剛史　109

第9章 ソーシャルビジネスの誕生と広がり
　　　―事例から理解するソーシャルビジネス―
　　　　　　　　　　　　　　　　　　　　　　　　田中　泰恵　127

第10章 プロテインクライシスに備える昆虫食
　　　　　　　　　　　　　　　　　　　　　　　　日比　香子　143

第11章 外食サービス国際化における
　　　　養殖事業の現状　　　　　　　　　　　　　柳田　志学　153

第 1 章　小さな布をめぐる社会と情報
―「つぎはぎ」と「パッチワーク」のメディアによる印象形成―

江良　智美

はじめに

　私たちの衣生活は、時代や社会を映す鏡のような存在でもある。20世紀後半の衣生活は次々と流行を追い、消費者は新製品を求め、ファッション産業もそれに呼応する形でビジネスが成り立っていた。一方で、衣服のライフサイクルの速度は加速し、まだ着られるものの廃棄による環境負荷などの社会課題を生じるようになった。平尾雅彦は「社会で必要とされる量を超える多量の繊維・衣服製品をバージン原料から生産し、サーキュラーエコノミーを形成する循環システムが脆弱で、産業全体が直線的なビジネスモデル（リニアエコノミー）であることも原因の一つ」（平尾2023：147）と分析している。しかし現在、ファッション領域ではリサイクルやリユース、アップサイクルなど、長く大切に衣服を着用し、製品寿命を保つための具体的な施策に注目が集まっている。

　近年、SDGsの理解の広がりにより、さまざまな分野で限られた資源や環境保護のために適切な生産管理やトレーサビリティが求められている。ファッション産業では販売に至らなかった衣服の余剰在庫、生産時に発生する裁断くず、家庭で着古された衣服など、廃棄対象の状況は多岐にわたる。資源リサイクルとしては他分野より複雑なこともあり、状況の改善が遅れているといわれている。一方で、繊維を扱う企業では生産工程を見直し、残余素材を有効活用する動きも進められている。例えば、生産時に衣服のパーツを切り出す際に発生する裁断くずは、全てが廃棄されるわけではない。ウェスなど工業用布として用いられるほか、粉砕され繊維として再利用される場合もある。小さな布きれも、量が集まれば新しいものに生まれ変わる可能性がある。

　では、私たちの衣生活の中で端切れ布のような小さな布はどのように処理

されているのだろうか。何にも形状を取ることができない小さな布は、用途が見つけられず処分されてしまうこともあるだろう。そもそも現在はほとんどの一般家庭で使用される衣服は既製品であるため、端切れ布や小さな布は、家庭で洋服や小物を作らない限り発生しないともいえる。

　本稿ではこうした、家庭で発生した小さな布に着目する。工業製品として衣服が普及する以前、人が手で紡いだ糸で織った布は量が限られ、貴重な存在として扱われていた。安価な既製服が市場にない家庭で衣服や着物を縫製していた時代は、小さな布をすぐに捨てることはしなかった。まだ使用できる部分を切り出して縫い合わせるなどの加工を施し、さらに摩耗するまで使用した。図1は江戸時代の『付喪神繪』である。付喪神（つくもがみ）とは、捨てられた道具たちが妖怪となるが、打ち捨てられた道具の中には着物や小さな布は見当たらないようである。

　日本の衣生活において、小さな布はどのように用いられ、それらの技法はどのようなイメージで人々に受け入れられてきたか、図版資料や雑誌メディアの記事から分析を試みる。

図1：『付喪神繪』[1]，[江戸時代][写]．NDLイメージバンク，国立国会図書館デジタルコレクション https://dl.ndl.go.jp/pid/2574271（参照2024-11-13）

1．日本の衣生活における小布の再利用方法

1-1．着物の修復と「つぎ当て」「つぎはぎ」

　日本では古くから小さな布を大切にする文化があった。その中でも海外の高度な技術を使用したもの、希少かつ繊細な模様が見られるもの、有職紋様と呼ばれる身分の高い者のみが持つことを許された布地の端切れなどは、小

さなものでも珍重され、スクラップブックのように保管され、名物裂や古裂と呼ばれて所有に価値があるとされた。希少で高価な布に限らず、衣服が消費財とされる以前は、小さな端切れや歪な形状であってもすぐには捨てず、再利用するために家庭の中で保管されていた。そして衣服が劣化や破損した際は、適した小布を見つけ、修復に役立てていた。

小布を再利用するための日本の技法には「継ぎ当て」「つぎはぎ」などがある。継ぎ当ては劣化した部分に小布を配置し、周囲を縫い止めて小布を縫い合わせる。この技法は図柄を創作的に用いればアップリケと呼ばれ、世界各地にも同様のものが多く存在する。一方、つぎはぎは小布を互いに縫い合わせ、広い幅の布地を創り出す技法で、こちらも世界各地で類似した技法は多く確認できる。なかでも欧米でポピュラーなものに「パッチワーク」がある。それぞれの技法は似ていても、新聞や雑誌で表現される文言や人々に与える印象は異なる。服飾造形的な観点から詳しく見ていくと、その差異は歴然としている。しかし、一般的には同じように感じられることも少なくない。だからこそ、社会の状況や一緒に提供される情報によって、私たちが持つイメージは変わることもある。

江戸時代以前より、切継ぎと呼ばれる小布同士を組み合わせる技法は存在していた。現存する重要文化財としては上杉神社蔵「金銀蘭緞子等縫合胴服」桃山時代（16世紀）が代表的である。海野弘は「名物裂をパッチワークした贅沢な衣装」（海野2018：125）と解説しているが、継ぎ当てやつぎはぎと異なり創意工夫や意匠的な意味合いが強く柄合わせや色合わせを重視した様子

図2：パッチワーク(筆者作成)

図3：つぎはぎ(筆者作成)

が窺え、豪奢な素材を贅沢に用い、洒脱な印象を受け、素材が足りなかったから縫い合わせたとは誰も考えないだろう。

　一方で、農民が用いた野良着は劣化した部分にいくつもの継ぎ当てをし、それらが経年劣化した様子は海外からも高い評価を受け、「襤褸」として美術館で展示されるものがある。

1-2. 着物における布の再利用の習慣

　日本の衣生活は明治期に入るまで、和服＝着物を中心として過ごされてきた。着物と現在私たちが日常生活で着用する洋服は根本的に構造が異なり、直線で裁断された長方形のパーツによって着物は構成される。縫製はそれらを直線縫いで組み合わせることを基本とするが、この点に関して朝岡康二は次のように考察している。

> 　いったん解くとたちまち何枚かの四角い布に戻ってしまうから、それを再び縫い合わせて仕立て直すことも容易である。ということは、この形式であるならば、「着物」に縫い、それをふたたび「布」に戻す作業を頻繁に繰り返すことができることになる。（朝岡2003：94）

　江戸時代の風俗を描いた河村文鳳画『文鳳麁画』（永楽屋東四郎，寛政12年）では奥の方で洗濯をする女性が確認できる。右上の洗濯ロープのようなものにかけられたものも、足元に畳まれた着物も長方形である。

　着物が衣生活の主たる存在であった頃、一度縫った着物をほどいて長方形の布切れに戻し、洗濯や糊などで繊維を整え、再び着物へと仕立て直すことは当たり前の習慣であった。桑井いねは「1840年から1850年に曽祖母が身につけた家事」として、日常着の着物の取り扱いについて記している。桑井によると着物は「良い部分だけを取って、丈夫な部分を継ぎ合わせてきもの一枚を作り、破れた方はしまっておき、ボロがまとまったら帯に」（桑井1976：213）と、染め直しを3度まで行い、最後は黒地にして汚れが目立たなく染色し、劣化した着物は雑巾やはたきなどの掃除用具にまでダウンサイクルし、廃棄は最終手段であったこと説明している（桑井1976）。洋装が一般市民

図4:河村文鳳　画『文鳳麁画』,永楽屋東四郎,寛政12[1800],
NDLイメージバンク,国立国会図書館デジタルコレクション
https://dl.ndl.go.jp/pid/ 2538771 (参照 2024-11-13)

の間で定着しても、肘などの可動域が大きく摩擦や劣化が激しい部分には継ぎ当てをして修復し着用していた。しかし、朝岡は継ぎ当てについて、長い間着物の劣化部分に布を注ぎ当て補修することは日常の一部であったが、徐々に人の交流が進むにつれ、初めて会う人も増えるとつぎはぎのない新品の衣類がもたらす印象は大きく価値を持ちはじめ、結果つぎはぎを施し着古した着物は対面するものに対しての礼節を感じさせないという評価が生まれ、価値が下がり、否定的になったと述べている（朝岡2003）。

　そしてさらに時代を経ると、継ぎ当てやつぎはぎをし着古した着物や衣服は人々の間であまり良い印象を持たない存在として表現されるようになる。

1-3.「つぎはぎ」が暗示する困難な状況

　国立民族学博物館の公開するデータベース「身装画像データベース＜近代日本の身装文化＞」は、明治期から昭和20年までの画像データがアーカイブ化されている。その中でも、新聞小説挿絵は美術的な絵画と異なり衣生活の様子を知る上での貴重な資料群で、つぎ当てやつぎはぎを描いた新聞挿絵も多く確認できる。特徴的なのは、つぎはぎやつぎ当てをしている着物や衣服

を着用している人物の多くが困難を抱え、経済的に苦しい状況などの事情を抱えている様子と合わせて描かれている点である。例えば1912年の都新聞に掲載された小説、富増正蔵作、井原青々園（補）、井川洗厓画『正直屑屋』の画像には、つぎはぎの着物を着た少女の後ろ姿が描かれている。この画像についてデータベースの注釈には次のように述べられている。

> 貧しい家といえば必ず破れ障子、穴の開いた壁、切り貼りのある屏風、が出てくる。住む人の着ている襟肩や袖に大きな四角い別きれの継ぎが当たっている。（略）（大村弘 n.d）

　前述した「つぎはぎ」に対する否定的な印象は、こうしたあまり良いとはいえない生活の様子と合わせて描かれることで無意識的に形成されていったとも考えられる。つぎ当てやつぎはぎをした着物を着装する人は髪の毛も乱れ、顔に手を当てて嘆いている様子が多い。つぎ当ては大小様々な長方形が重ねられ、劣化した家屋に小さく背中を丸め過ごす様子が描かれる。小さな布をつぎ当てることや、つぎはぎに対する否定的なイメージは、こうした描写から徐々に人々の心に蓄積された様子が確認できる。

2. 小布の有効活用法「縫細工」

　小さな布は修復用にだけ用いられたわけではない。名物裂や古裂などの小さな布を大切に持つ習慣から、その楽しさを表現した事例も残されている。
　大妻コタカは「七．縫細工編」として小さな布地を活用したマスコットのようなかわいらしい具象や人形、野菜の形をした巾着の作り方をまとめている。「実用と装飾を兼ねた小布利用の縫細工としてどこの家庭でもよく試みられたものです」（大妻1934：515）と解説されているが、この場合の小布は装飾的な効果が高い。小さな布を役立て、可愛らしい布を用いて小さな道具を作るという行為は、肯定的に受け止められているように見える。小布は通常の布に対しての「ミニチュア効果」（佐藤・草野2012）に類似するとも言え、完成した縫い小物の完成予想図も可愛らしく描かれている。このことからもわかるように、小さな布は捨てるという選択肢ではなく、部分的もしくは意

匠的に工夫を凝らすことができ、最後まで大切に使われる存在として意識されていたことがわかる。

3. ファッションとしての「つぎはぎ」

　戦後から高度経済成長期へ向かう時代、女性向け雑誌『それいゆ』で中原淳一は「つぎはぎの服」としてデザイン画を複数掲載している。記事には「つぎはぎの服とはつまり思いつきの良さ」「つぎはぎを大いに楽しんで、しかもつぎはぎのみじめさをみせずに」（中原1947：60）とあり、つぎはぎに「みじめ」という固定概念があること、技法や言葉が持つ否定的な印象を加味した上で肯定的に捉えることを提案している。ここで中原の提案するデザインはいずれもシンメトリーや構成上バランスの取れた審美性の高いものである。「更生に見せまい」とあることから、着物地を利用した更生服と当時呼ばれたスタイルの応用であることが理解できる。洋服地のような広い幅の布地が手に入らなくても、計画的に色と柄を接ぎ合わせることで幾何学的なデザインを創り出すことができることを示唆している[1]。

　1960年代も依然として「つぎはぎ」という表現は用いられていた。1964年の『装苑』19号では＜八月の遊び着＞「つぎはぎファッション」が特集されている。上半身に六角形のモチーフがはぎ合わされいるワンピース・ドレスの紹介に次のようなコメントを加えている。

　　　つぎはぐということは、ケチでするものではありません。違ったきれをはぎ合わせて、たった一つしかない柄を作るのです。だから考え方によっては、いちばん贅沢なのかもしれませんね。（芦田ら1964：57）

　この記事からも、依然として「つぎはぎ」という表現が内包するネガティブなイメージを払拭するような文言が確認できる。新品購入の費用を惜しんでつぎはぎをして代替するのではなく、あえて複数の布を個性的に接ぎ合わせる技法に価値を見出すことを示している。これは、流行を生み出す情報の送り手であった雑誌メディア側が、関心と可能性を持って小布を接ぎ合わせたデザインを読者に伝えていることがわかる。

4.「つぎはぎ」からおしゃれな趣味「パッチワーク」へ

　以降、「つぎはぎ」という文言が用いられる機会は少なくなり、代わりに小さな布を縫い合わせたものは「パッチワーク」と表現されることが多くなる。1969年の『装苑』6月号では「パリのおじょうさん」という記事でパリコレクションにパッチワークプリントを用いたファッションが紹介されている。

　　　思いきりたくさんの色を思いきり自由に使って、それでいてごたつかず、爽やかである。（ダルナ・青山1969：65）

　多角形の小布を接ぎ合わせるパッチワークは古くから世界中で見られる技法だ。ここではパッチワーク風に染色プリントされた布が用いられたコレクションの説明をしているが、「つぎはぎ」ではなく「パッチワーク」という表現を用いている点が重要である。
　パッチワークはアメリカン・キルトのトップと呼ばれる表面に用いられる。片桐真佐子は日本でのキルトの受容についての過程が解説している。片桐はパッチワークが認知されたその背景に、日本には布を大切に使う文化があったこと、パッチワークに類似した技法があったこと、布を補強する刺し縫いなどが普及していたこと、同時期に開催されたパッチワークキルト展で大判の作品が展示され、注目を集めたことなども挙げている（片桐2014）。
　神野由紀は1970年代にパッチワークが「アメリカ文化への憧れを伴う趣味」（神野ら2019：115）として女性たちへ普及したと分析しており、その過程をインテリア雑誌『私の部屋』に掲載された手作り記事を調査し、趣味として本格的に流行する過程について明らかにしている（神野ら2019）。パッチワークという表現が少女向けの雑誌や女性向け総合誌の手作り記事に確認できるようになったのも同時期である。継ぎ当てやつぎはぎという衣生活での習慣があったにも関わらず、パッチワークは当時、先進的で読者に馴染みに薄い技法として紹介された様子が当時の雑誌記事から確認できる。
　パッチワークとつぎはぎの異なる点は、はぎ合わせる小布の形状、つまり図形にある。パッチワークは複数の幾何学図形を構成し、抽象的または具象

的な図案を表現し、それをリピートし複数の図案を組み合わせ、用いる小布の色彩調和を考え、一つずつ繋ぎ合わせていく。一方で継ぎ当てはすでにある衣服の劣化部分を補強する技術であり、つぎはぎは事前の計画を持たずに即興的に小布同士を必然に迫られて縫い合わせる意味合いが強い。例えば、『装苑』1977年11月号の作品事例としてアメリカン・キルトの代表的な図案である三角形と正方形を用いて星の形を表現する「エイト・ポイント・スター」が紹介されている。この図案に関して雑誌の記事には「製図の布Bが星の八つのポイントになっています」「昔の女の人の間には、このエイト・ポイント・スターのパッチワークをしながら願い事をすると、それが叶うという言い伝えがあったのだそうです」（ルエロン・野坂1977：180）等、読者がイメージしやすい情報が加えられている。『主婦と生活』1980年4月号の記事では、パッチワークで作った模範作品と一緒に「小さな布きれを1枚1枚つなぎ合わせて作り上げていく手仕事。そこから生まれるさまざまな個性はパッチワークのだいご味です。」（中山1980：19）という文言が添えられている。これらの表現は、手作り記事のテーマ、充分にコーディネートされた作品の事例写真と相乗効果が生まれるように配置され、視覚的効果を高めている。こうした記事がパッチワークは新規性が高く創造的で技法が明快、作り手の自己決定の余地が広い楽しい手作りとして印象づけたとも考えられる。神野が指摘しているが、パッチワークは当時流行し始めていたアメリカン・カントリー調のイメージを持つ（神野ら2019：113-115）。また、同じく人気の高かった少女らしさがある可愛らしいメルヘン調のデザインともよく合った。しかし、『婦人生活』1978年9月号の記事には「端布、残り布がいきかえる便利なアイデア小もの集」（婦人生活社編1978：22）という表現も確認できる。小さな布はただ所有をしているだけでは用途を与えられず、再利用に対するアレンジが必要なものとなっている。また、パッチワークの手作り記事については次のような呼びかけも見られる。

　「まず、あなたの思い出の布を探してみましょう。そんな愛着のある端切れからパッチワークの世界は広がります。」『婦人生活』30（13），p.67.（婦人生活社編1976）

（婦人生活社編1976）

　「お金さえ出せればなんでも手に入る時代ですが、だからこそ子供にとってママの愛情のこもったアイデア手作り小物は、何より貴重な贈り物なのです。」『婦人倶楽部』59（2）p.50．（講談社編1978）

　この言葉から、パッチワークはこだわりの端切れ布や小さな布を用いて個性を発揮することができること、小さな布を一つずつはぎ合わせることは家族や子どもへの愛情表現の一つとして成立するものであり、その根拠は小さな布を縫い合わせる労力、オリジナルのデザインで製作できる点を雑誌メディアの送り手側は伝えたいと考えていることがわかる。洒脱な生活空間の構築や家族への心遣いとして、パッチワークという選択を促す様子が確認できるが、完成作品には知識や相当量の労力と技術を必要とするものも見受けられ、針仕事が苦手な女性にとっては、こうした手芸品が愛情表現であるといったメディアの情報はあまり心地良いものではなかったことが推察される。

　一方で、1976年7月『通産ジャーナル』9（4）には、既製品に用いられたパッチワーク技法によって生じた消費者からのクレームが紹介されている。「日本橋のデパートで、有名婦人服メーカー製のパッチワークスカートを買ったが、1回の洗濯でほつれてしまった」という苦情について、パッチワークについての理解が生産者、消費者ともに不十分であることを課題点として挙げている（通商産業大臣官房報道室編1976.9（4）：139）。パッチワークは小布をはぎ合わせることが前提であるが、一過性のブームではなく、今後もこの技法を用いた商品が登場する可能性を前提として考えられていたことがわかる。

おわりに

　ここまで、着物の時代から1970年代まで、小さな布を用いた「継ぎ当て」「つぎはぎ」と「パッチワーク」を取り上げたメディアの表現を調査してきた。類似した技法であるにもかかわらず、社会の状況によっては「継ぎ当て」「つぎはぎ」には困難で否定的な状況が暗示され、「パッチワーク」は洒脱で先

進的、肯定的な文章表現によって紹介されたことが明らかとなった。現在、小さな布をつぎはぎや継ぎ当て、パッチワークしたファッションは一般的で、否定的な印象を持つ人は少ないだろう。この見解に至った経緯についてはもう少し調査資料の量を増やし、分析を続けていく必要があるだろう。

　衣生活にまつわるイメージは曖昧で、うつろいやすいものである。昨日かっこいいと言われていたものが明日は流行遅れと感じるものもある。だが、それを根拠にまだ使える衣服を簡単に処分して良いのだろうか。

　雑誌が伝える写真や記事、テレビでの報道、現在でいうとWebサイトの情報やSNSで流れる情報は、多くの人が触れる可能性がある。その分、良い印象が生まれたり、悪い印象が広がったりすることも昔より多くなっていると言えるだろう。私たちは社会の状況や、氾濫する情報の受け取り方によっては良い印象を得ることもあるが、悪い印象を受けることもあることを、十分に自覚しなければならない。普段気にも留めない小さな布に用いる技法であっても、捉え方や伝え方によってその印象はよくも悪くも変化することが本稿で明らかとなった。小さな布に限らず、様々なものに与えられたイメージや固定概念、表現に対して自分なりの疑問を持って接していかなければならない。なぜそれが良いとされるのか、美しいと伝えられているのかなど、一つ一つを丁寧に自分の頭で考える力が求められ、その必要性は複雑化する社会の中で一層高まるだろう。

注
(1) 中原淳一と「つぎはぎの服」については、島根県立石見美術館ニューズレター 2024. vol.38記事 企画展:「111年目の中原淳一」(南目美輝解説)でも触れられている。

〔引用・参考文献〕
朝岡康二 (2003)『古着 ものと人間の文化史』法政大学出版.
芦田惇・伊藤幸雄・水野正夫・米山ヒデミ (1964)「つぎはぎファッション」『装苑』19 (9), 57-64.
婦人生活社編 (1976)「パッチワーク入門」『婦人生活』(30) 13号, 67-75.
婦人生活社編 (1978)「初めての方にも簡単に作れます パッチワークのインテリア」

『婦人生活』(32) 9月号，19-21.

平尾雅彦 (2023)「サステイナブル・ファッション実現に向けた課題と展望」『産業物資循環資源学会誌』, Vol.34, No.3, 147-157, 2023.

片桐真佐子 (2014)「日本におけるキルトについての一考察―: なぜ、キルトは日本の女性たちに受け入れられたのか」『芸術学研究』5，62-86.

桑井いね (1976)『おばあさんの知恵袋』文化出版局．

講談社編 (1978)「インテリア手芸 流行のパッチワークとキルティング―春の部屋を手作りで飾る」『婦人倶楽部』59 (2)，45-50.

中原淳一 (1947)「つぎはぎの服」『月刊それいゆ』4号，60-62.

中山富美子 (1980)「手芸特集2: パッチワーク」『主婦と生活』35 (5)，19-26.

マイティ・ルエロン，野坂世紀夫 (1977)「マイティはオールマイティー: No.11 マイティ，パッチワークバッグを作る」『装苑』32 (12)，180-181.

大妻コタカ (1934)『現代手芸全書』研文書院．

大村弘 (n.d)「A12-063都新聞1912 (大正元) 年10月13日号3面」『国立民族学博物館身装画像データベース＜近代日本の身装文化＞』
<https://shinsou.minpaku.ac.jp/contents/?original_id=A12-063> (2024年11月11日閲覧)

佐藤隆夫・草野勉 (2012)「ミニチュア効果―画像のぼけと距離と大きさの知覚―」『電子情報通信学会 基礎・境界ソサイエティ Fundamentals Review』5巻4号，312-319.

神野由紀・辻泉・飯田豊編著 (2019)『趣味とジェンダー: 〈手作り〉と〈自作〉の近代』青弓社．

通商産業大臣官房報道室編 (1976)『通産ジャーナル』9 (4) 63，139.

海野弘解説・監修 (2018)『日本の装飾と文様』パイ・インターナショナル．

第2章　Z世代の香水との付き合いかた
　―「インテリア化」するパッケージデザイン―

竹山　賢

はじめに

　コロナ禍による混乱から時間が経過し、日常に平穏さが戻り始めた昨今、著者が所属する大学において、担当する講義やゼミの中で学生たちと接する中、以前よりも五感を通して、はっきりと感じられることがある。それは臭覚を通して得られる「情報」によるものだ。コロナ禍の前に比べて、年齢的にZ世代の中核を占める大学生たちは、以前よりも思い思いに「香り」を楽しんでいるように見受けられる。コロナが猛威を振るっていた期間、リモート講義の導入により、教室で学生たちと接することが出来ない時間が続いた。その時とのギャップが余計にそう感じさせるのかもしれない。休み時間や講義の合間にフワッと良い香りが漂って来たかと思うと、ハンドクリームや香水をつけ直し、友人たちと愛用している香りやブランドに関する話を楽しんでいる学生たちの光景をよく目にするようになった。

　コロナ禍以降、著者自身、街中や商業施設内を散策していると、以前よりも香水を扱う店舗が増えたことを実感する。そして、これまで香水を販売していなかったコスメティック、スキンケアブランドからも、のきなみ新しいフレグランス商品が販売され始めた状況も確認できる。事実、読売新聞によれば、「香水砂漠」と呼ばれるほど、欧米に比べて販売が伸びなかった日本の香水市場がこの数年で非常に拡大しているという。特に、若年層で香水の人気が高まっていることがその主な要因となっているようだ。これまで日本では「香害」という言葉が生まれるほど、強い香りへの抵抗感が高く、既述の「香水砂漠」のように、香水市場は低迷していたという。その状態が、コロナ禍以降、大きく変化したというニュースは著者にとって、非常に興味深いものであった。

著者は大学院修了後、フランス人デザイナー グエナエル・ニコラ氏の主宰するデザイン事務所 CURIOSITY に所属し、デザイナーとしてのキャリアをスタートさせた。そこでの最初の仕事が国内コスメブランドの百貨店内ブースの空間デザインや商品パッケージのデザインであった。そのプロジェクトの中には、コスメブランドが新商品として開発する新しい香水パッケージのデザインも含まれていたことから、著者は当時より、香水という商品自体に興味を持っており、国内、国外問わず、多くの香水ブランドの状況を、特にボトルやパッケージデザインに注目してリサーチを続けてきた来た。

　今回は、昨今のZ世代における香水の人気の理由を、そしてZ世代の香水との付き合いかたについて、著者自身の専門でもある、デザインの切り口を通して紐解きながら、考察を行ってみたいと思う。

写真1：松屋銀座の売り場にて好みの香水を探す女性客
（出典：読売新聞朝刊 2024年7月18日）

1. 国内における香水市場の現状

　コロナ禍が収束し、著者自身も外出自粛により実施出来ていなかった「現場」でのリサーチを再開した。コロナ禍によるそのブランクを取り戻すかのように、今は積極的に外出し、リニューアルされた百貨店や新しく建った複合商業施設内での「変化」を捉えることを心がけている。その中で、はっきりと感じるのは、香水ブランドの新店舗やポップアップショップが以前よりも圧倒的に増えてきているということだ。読売新聞の記事によれば、東京都内にある百貨店、松屋銀座、伊勢丹新宿では、コロナ禍の期間に香水販売の

売り場面積を、それぞれ2倍、1.5倍にしたという。インバウンドによる効果も影響しているようだが、売上も伸び、男性客の増加も確認されているという。この2つの百貨店は感度が高く、いわゆる「おしゃれ好き」な人々が集まるとされる場所であり、著者自身も「今の流行」を捉えるために頻繁に訪れるようにしている。

調査会社、富士経済によると、国内の香水市場は昨今、拡大してきており、コロナ禍が始まった2020年と比較すると、今年2024年は見込みではあるが、547億円と3割以上の伸びが予想されているという。この勢いはまだまだ続き、今後も成長を続けるとみられている。なかなか「もの」が売れないこの時代に、日本国内において香水がひっそりとその売り上げを伸ばしている状況をご存知だったろうか？

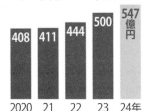

図表1：日本国内における香水市場推移
富士経済調べ（出典：読売新聞朝刊 2024年7月18日）

2. 香水の「使用目的」の変化

わたしたちはコロナ禍において、いわゆる「おうち時間」と呼ばれる、外出自粛期間を余儀なくされた。その期間に香水に興味を持った人が増加したとみられる。本来、一緒に過ごす相手に良い印象を抱かせるためにつけることが香水の主な目的のはずであった。それが外出自粛によって、人と会わないにも関わらず、自分自身のために、「おうち時間」での気分転換として、自身の空間で好みの香りを感じていたいから香水を用いるといった新しい使い方も生まれ始めたようだ。

また、多くの人が日常的にマスクをしている状況も影響し、それまで香水が身近ではなかった人、「香水初心者」にとって、「新しい香りに挑戦してみようかな……」「少しくらいつけ過ぎてしまっても、みんながマスクをしているから大丈夫……」というような想いも後押しし、香水をつけ始めるキッカケになったのかもしれない。特にZ世代において、自分の気分を上げるため、自分のために香水を用いることも増えているという。数種類の香水を

そろえておいて、その日の気分やファッションに合わせて、使い分けるスタイルも一般的になって来ているようだ。紹介した通り、香水の使用目的の変化が、Z世代における昨今の香水人気の大きな要因の一つになっているのではないかと著者は推察している。

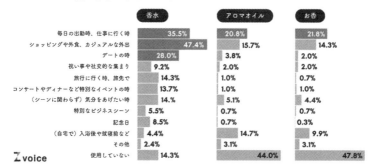

図表２：香りアイテムの使用シーンについての調査結果
（出典：「僕と私と」Z世代に聞いた！香りに関する意識調査 2024年1月26～27日）

　著者自身が大学生であった頃を振り返ると、いわゆる「売れ筋の香水」があったように思う。今よりも、若者がカジュアルに用いることができる香水自体の種類が少なかったこともあったとは思うが、当時は街中や大学でも頻繁に感じ取られる「流行の香り」があった。特にファッションブランド、カルバンクラインから販売されていたCK1やグッチのrush2、シャネルのアリュール、ブルガリのプールオム等は当時、非常に流行した香水であり、今でも香りを鮮明に記憶しているほどだ。一方、現在も人気の香水は存在しているが、Z世代は流行している香水に群がるのではなく、それぞれの個性や雰囲気に似合う香水をつけることを好んでいるように感じる。ファッション同様、自分らしい香りを纏うことがスタイリッシュなのだ。まさに個性や多様性を重要視するZ世代特有の新しい香水との「付き合いかた」ではないだろうか？

　コロナ禍は社会にネガティブな要素を多数もたらした「災い」と考えられることが多い中、香水にまつわる環境では、コロナ禍が「新しい挑戦」への

キッカケになったということは、著者にとって興味深い変化である。逆境においても、「香水によって気分を上げる」という新しい使い方を編み出し、自分たちの工夫によって乗り越えようとする努力を厭わないZ世代のスタイル。それは、問題にしなやかに適応しようとするZ世代の素晴らしい資質の1つであると著者は考えている。

3. 香水のサブスクリプションサービス

コロナ禍が若者、特にZ世代における香水人気のキッカケになったことは既述したとおりだ。ここでは同じタイミングに、香水のサブスクリプションサービスが急激に利用者を伸ばしたことを紹介したいと思う。著者自身も購入した香水を最後まで使い切ることができず、まだ捨てられずに持ったままという状況にある。香水にも鮮度があり、古くなったものは香りも落ち、劣化していく。また、近年の物価高、通貨の変動もあり、海外ブランドの香水は一気にその価格が高騰した。すでに書いたが、自身の気分やその日のファッションに香りを合わせることを楽しむZ世代にとって、香水1瓶あたり、数万円という状況はなかなか厳しい。その状況に着目し、スタートしたのが、好みの香水を小分けにして、定期的に届けるサブスクリプションサービスである。

現在、香水のサブスクリプションサービスには、多くのスタートアップ企業が参入しているが、その草分け的存在として、2019年にHigh Linkがスタートさせた「COLORIA」が非常に好調だという。月額1990円という手頃な価格で約1000種類の有名ブランドの香水の中から、毎月自分好みのものを1種類選び、届けてもらえるサービスだ。（2種類の場合は3580円、3種の場合は4770円という価格設定。※12ヶ月コースの場合）様々なプランが用意されていて、利用者それぞれが、自身にマッチするスタ

写真2：coloria webページ画像
（出典：coloria公式サイト）

イルを選択できることも、サブスクリプションサービスの人気が高い理由ではないだろうか。

4．AesopとLE LABOの人気

　大学で学生たちと接していると特に2つのブランドの人気が顕著であるように感じる。1つはオーストラリアで生まれたコスメブランドAesopである。もう1つはアメリカで誕生した新しい香水ブランドLE LABOだ。著者自身も両ブランドの製品を長く愛用していることもあり、他のブランドよりも「贔屓目」に見てしまっている感はあるかもしれないが、両ブランドの製品を学内で目にする機会が非常に多いことは確かだ。

　Aesopは1987年にオーストラリア、メルボルンで創業した。日本国内では、バーニーズニューヨークの店舗で取り扱いが始まったことが最初だったようだ。広く認知され始めたのは、新宿に出来たパークハイアットホテルの客室に備え付けられるアメニティとしてAesopが選ばれたことが大きかったと記憶している。松屋銀座の1階にも販売スペースが設けられた頃から、著者自身も購入するようになった。それ以降、徐々に人気が高まり、国内、国外問わず、感度の高い、おしゃれな人たちが集うライフスタイル、セレクトショップ等での販売も始まり、それらショップの化粧室において、Aesopの液体ソープが備え付けられているシーンも良く目にするようになった。

　当初、Aesopのコンセプトは、広告宣伝は一切行わず、パッケージも遮光瓶にモノクロのラベルを貼ったのみという非常に簡素なデザインを採用し、その分、省いたコストを用いる素材や成分に費やすというものであった。著者自身もストイックとも言えるそのスタイル、オーガニックな天然素材由来の優しく豊かな自然を感じられる香りに惹かれ、化粧水やハンドクリーム、ヘアケア製品を使い始めた。また当時、飼っていた猫のために、Aesopのペット用シャンプーを用いていたほど、いつしかAesopのコアなファンの1人になっていた。

　そのAesopのストイックとも言えるこだわりがZ世代にも響いたのか、SDGsが社会的課題になっている昨今、時代がやっとAesopの優れたコンセプトに追いついたように感じられる。今では、Aesopの国内にある路面店

写真3：Aesopのパッケージデザイ　　写真4：LE LABO 代官山店の様子
　　　ン コスメ商品と香水ボトル　　　　　　　（出典：LE LABO 公式サイト）
　　　　（出典：Aesop 公式サイト）

は40店舗を超え、その人気には拍車がかかるばかりである。Aesopのどの路面店を訪ねても、連日Z世代の若者で混雑している状況だ。2021年に3種類で販売をスタートさせた香水シリーズが、今では11種類を数えるまでに増えたことからも、その爆発的な人気の高さをうかがい知ることが出来る。

　一方、LE LABOは2006年にアメリカ ニューヨークで誕生した比較的新しい香水ブランドである。日本国内では代官山駅のすぐ近くに最初の路面店を構えた。当時、著者自身は近くにアトリエを構え、暮らしていたこともあり、ガラス張りの清潔感をもった空間、また名前の通り「研究所」を思わせる内装デザインのショップがオープンした時のことを鮮明に覚えている。オープン直後に訪ねた際、ブランドの持つこだわりに惹かれ、自身も香水を購入した経験がある。決められたレシピに従い、その場で白衣を着こなしたスタッフの方が調合し、その日付をボトルに記入してくれるという、これまでの香水販売にはない特別なスタイルが非常に新鮮であった。

　今では通貨の変動、素材の取引価格の高騰が影響し、発売当初もかなり高級な香水であったが今ではより一層、高価なものになっている。例えば、50mlのボトルで3万円を超えるほどだ。それにも関わらず、LE LABOのこだわりはZ世代である学生たちにも非常に魅力的に映るようで、LE LABOの香水、ハンドクリームを用いていることがある種、彼らにとっての「自分へのご褒美」であり、一種のステイタスシンボルになっている状況

を目にする。今現在、LE LABO は日本国内に約20店舗を構えるほど、人気が集中するブランドになっている。

5. 韓国発のブランド　TAMBURINS と NONFICTION の勢い

　近年、Z 世代だけの現象に留まらず、日本国内においてもいわゆる「韓国コスメ」の人気はますます向上しているようだ。新大久保駅周辺にある専門店だけでなく、そのコスパの良さから、一般のドラッグストア、ディスカウントショップでも良く目にする程だ。著者が担当するゼミにおいても、ここ数年、韓国コスメのパッケージのデザインやその人気の理由を卒業論文のテーマにする学生が急増している。韓国発のアイドルやアーティスト、ドラマといったエンターテイメントのコンテンツから食材、美容、コスメなどの商品まで、かなり以前から日本国内でも人気を集めている状況は察しがつくだろう。その中でも、最近は香水ブランドがその勢いを増している。

　特に、TAMBURINS、NONFICTION は韓国発の香水ブランドとして、非常に影響力を持っていることがわかる。著者は今春、実際にソウルを訪れ、両ブランドの旗艦店を訪問し、そこでの状況を確認して来た。ショップ内は地元、韓国の若者だけでなく、日本から、そして他のアジア圏からの若者で非常に混雑しており、圧倒的な人気の高さが垣間見られる状況であった。ここでは、TAMBURINS、NONFICTION、2つのブランドの人気の理由について、掘り下げてみたいと思う。

　昨今、Z 世代に非常に人気のある韓国発のアイウェアブランド ジェントルモンスターをご存知だろうか？先日、東京 表参道に旗艦店をオープンさせ、その人気には拍車がかかっている。美術館、ギャラリー空間を思わせるそのショップインテリアは非常に印象的だ。その GENTLE MONSTER の姉妹ブランドとして2018年9月に誕生したのがコスメブランド TAMBURINS である。特に TAMBURINS の商品のパッケージデザインは非常に凝ったものになっており、ブランドの特異性、ヴィジュアルにとことんこだわったブランドコンセプトを体現しているように著者は考えている。実際、著者がソウルのアックジョンの路面店を訪れた際もその圧倒的な人気に驚愕した程だ。まるでテーマパークの人気アトラクションを待つかのように、ショップ

に入るための長い行列ができている状況であった。

　貝殻をモチーフに作られた特徴的な形状を持ったパフュームシェルエックスという香りの良いハンドクリームやスティックタイプのパフュームバームが大変人気で、多くの若者が販売用什器を取り囲み、サンプルを手に取りながら、香りを確かめているシーンが印象的であった。TAMBURINSのショップ空間は非常に独創的で、ギャラリーに並ぶモダンアート作品のように商品がディスプレイされていた。パッケージを一目見て、TAMBURINSのものと解るデザインがZ世代に響いているのではないだろうか。

　一方、同じく韓国発のNONFICTIONは、アート業界出身で化粧品業界での経験はないというチャ・ヘヨン氏が2019年に創設したライフスタイルビューティーブランドである。唯一無二の香りとシンプルで洗練されたパッケージが魅力で、香水、ハンドクリーム、ボディケア商品からホームフレグランスまで、扱う商品の幅を広げているという。

　韓国、ソウルには異なるコンセプトの3店舗のショールームを構えており、その中でも最新の流行を発信するエリアとして人気のある新沙洞、カロスキルにある店舗を著者は訪れた。ショップのインテリアは、香りを満喫できる「FRAGRANCE EXPERIENCE ZONE」と香りのインスピレーション源を紹介する「WORK ROOM」の2つのスペースに分けられている。著者が訪れたタイミングでは、デンマークの老舗家具ブランド、フリッツ・ハンセン社とのコラボレーション企画が開催されており、アルネ・ヤコブセンがデザインし、著者も含め、世界中で愛用者が多いセブンチェアが美しくコーディネートされていた。まるで、建築家、インテリアデザイナーのアトリエのような美しい空間が著者自身にはとても心地良く、非常に印象的であった。また壁一面には販売されている香水ボトルが美しく並べられ、商品というよりも、美しいアート作品の展示空間の様にも感じられる程、精緻なインテリアであった。その感性の高さについつい魅了され、

写真5：TAMBURINSのパッケージデザイン

（出典：TAMBURINS公式サイト）

写真6：NONFICTION　新沙店　ショップインテリア(著者撮影)

著者も2種類の香水を購入してしまった。

6. 国内ブランド BAUM の取り組み

　これまで著者自身の「肌感覚」で捉えたZ世代に人気のある香水ブランドを紹介して来た。数多存在するブランドの中から、ここでは、最近確実に人気を得ながら、成長を続ける日本発のブランドBAUMについて紹介したいと思う。BAUMは「樹木との共生」をテーマに2020年に誕生した新しいブランドである。資生堂の企業理念「BEAUTY INNOVATIONS FOR A BETTER WORLD」に基づき、社会課題の解決や環境負荷軽減につながる取り組みを発信すべく生まれたブランドだ。著者自身、BAUMの1番の魅力はサステイナビリティを大切にしたブランドのコンセプトとそれを具現化した美しいパッケージデザインではないかと考えている。

　既述のようにコスメや香水のパッケージデザインにも関わってきた経験のある著者だが、商品ボトルのパッケージに木材を使用するという、化粧品の常識を打ち破るスタイルには非常に驚かされた。ブランド名のBAUMはドイツ語で「木」を意味する。そのブランド名を前面に掲げるように、人の手が触れる部分に用いられた木材は非常に質感が良いことにも驚きを隠せない。というのも、パッケージデザインに協力したデザイナー熊野亘氏はフィンランドで家具デザインを学んだ経歴を持つスペシャリストだ。熊野氏が自

身の仕事を通して出会った日本を代表する家具ブランド、カリモクにおいて、家具の製造時に発生した端材をアップサイクルし、外装のパーツに用いるという斬新なアイデアを提案したという。高級家具に用いられる素材をまとった BAUM の製品は、ある意味で非常に「贅沢な」パッケージを有しているのだ。

　著者自身は、その美しいパッケージデザインに惹かれ、また友人でもある熊野氏の素晴らしい「作品」ということもあり、BAUM のスキンケア製品を最初に購入してみた。現在はスキンケア製品に加え、ルームスプレー、ハンドクリーム等も愛用している。特に家具の端材を用いた木製のパッケージには、それぞれに木目の個性があり、1つとして同じ表情のものが存在しないという「付加価値」がある。また、最初に木製外装パーツ付きの製品を購入すれば、リフィル交換を行うことで、長期間、木製のパーツを用いることが出来る工夫がなされている。また、リフィルボトルの素材にも配慮がなされ、バイオ PET 樹脂やリサイクルガラス等、環境負荷の少ない素材が積極的に用いられており、サステイナビリティへのブランドの強いこだわりが伝わってくる。著者自身もすでに数回、リフィルを行い長く愛用しているが、いつしか手に触れるキャップや外装フレームに用いられている木製パーツは、以前よりも滑らかにその質感を変えており、パッケージに対して長く一緒に暮らしてきた家具のような愛着を感じ始めている程だ。これまでのコスメに感じたことがない「新しい感覚」が BAUM の製品にはある。デザイナー熊野亘氏の素晴らしいデザイン、BAUM ブランドの創出に携わった方々の

写真7：木製パーツを用いた BAUM の特徴的なパッケージデザイン
（出典：BAUM 公式サイト）

熱い想いに、著者は完全に魅了されてしまっている。今後のBAUMの新製品、動向からも目が離せない。

7. パッケージデザインの「インテリア化」

　ここまで香水、コスメにまつわる日本国内、視察を行った韓国での状況等を通して論じて来た。その中で著者自身には新しい考えが芽生え始めている。それは、香水を含め、コスメのパッケージデザインが、プロダクト単体でのものとしてではなく、置かれる空間をこれまで以上にはっきりと意識し、まるでこだわって製作された家具のような側面を持ち始めているのではないかという仮説である。著者はそれをパッケージデザインの「インテリア化」が始まっているのではないかという概念で捉えている。

　前述の様に、国内ブランドBAUMの取り組みは非常にユニークなアプローチだろう。家具デザインの素養があるデザイナーのアドバイスを受け入れ、国内家具ブランドとコラボレーションを行い、用いる素材の選択にはアップサイクルの取り組みというサステイナビリティの視点を取り入れ、SDGsという社会的な課題にもつながる優れたパッケージデザインを実践しながら、用いる成分、使い心地にもこだわった製品を生み出している。BAUMの誠実な「ものつくり」の姿勢には感動を覚える程であり、ますます使用する際の喜びが増したように感じている。コスメの枠を大きく飛び越え、愛着さえ感じられるパッケージがこれまであっただろうか。その愛着がそうさせるのか、BAUMの製品は、洗面所のキャビネット等ではなく、あえて室内の目に付く場所に家具のように置きたくなる魅力を持っている。ちなみに著者自身は書斎の棚に、ベッドサイドにBAUM、そしてAesopの製品を置いている。空間にインパクトを与えることのない、控えめな佇まいは一緒に暮らしていて、心地良い感覚を与えてくれる。まるで「小さな家具」のような存在として扱っている自分がいることに気づく。あえて、見える場所に飾りたくなるパッケージは非常に素晴らしいプロダクトであると考える。

　また今回取り上げた韓国発のブランドNONFICTIONの香水についても、自身がソウルで見かけた販売の現場から更なる考察を行ってみたいと思う。非常に贅沢な空間を持った新沙洞の路面店では、北欧、デンマークの老舗家

具ブランド、フリッツ・ハンセン社とのコラボレーションを行った商品の見せ方に感銘を受けた。これまで香水を販売するシーンにおいて、これほど自然な演出が行われた事例を目にした経験がない。NONFICTIONの路面店では、感度が高いデザイナーのアトリエのような空間としてインテリアがコーディネートされ、美しいフリッツ・ハンセン社の家具とともに、香水が展示、販売されていた。「わざとらしい」演出を感じさせることのない空間では、モノトーンのラベルが貼られた控えめな香水ボトルのパッケージデザインが、程良くインテリアのアクセントになっているようにも感じられた。Fashion Snapの記事によるとNONFICTIONのアイテムには、ブランドが目指す純粋な美しさとインスピレーションの世界が表現されており、デザイン要素はすべて「光（illumination）」というテーマから始まっているという。空間において、様々な表情を見せる光のように、手に取った者それぞれが紡ぐ物語を側で見守ってくれるような柔らかさが伴うシンプルで美しい製品ボトルやパッケージを用いているという。製品パッケージの説明というより、まるで空間にも影響を及ぼす家具や照明器具に対しての文言のように感じられるのは著者だけではないだろう。インテリアに大きな影響を及ぼす「光」がNONFICTIONの香水ボトルや製品パッケージにおいて非常に重要な要素であることが解る。

　この2つのブランドの試み、コンセプトを通しても、Z世代において香水の「インテリア化」が起こり始め、香水人気に繋がる1つの要因になっているのではないかと著者は考えている。約20数年前、著者自身が所属したデザイン事務所において業務に携わっていた際、香水ボトルのデザイン、パッケージは、非常に凝ったデザインのものが主流であり、「オブジェ」のように目立つデザインが求められていたことを記憶している。従来の派手で特徴的な形状を纏った主張の強い香水ボトルから、どんな空間においても馴染むデザイン、まるで小さな家具のような存在として扱われる香水ボトルやコスメのパッケージから、昨今のデザインコンセプトの根底には「パッケージのインテリア化」という新しい潮流が生まれ始めているのではないだろうか。

　今回取り上げたブランド、Aesop、LE LABO、TAMBURINS、NONFICTION、そしてBAUM。そのすべてのブランドの香水ボトルは非常にシン

プルな造形でオーセンティックとも表現できる「誠実な」デザインを纏っている。SDGsにも配慮でき、本質を見抜くことが出来るZ世代には、かつてのような「派手な外装」を纏うことよりも、ブランドが大切にしているコンセプトが伝わり、インテリアに馴染むシンプルなパッケージを採用することの方が、魅力的な要素になって来ているのかもしれない。

おわりに

　教えている大学で毎日接する学生たちは、まさにZ世代の代表、定義された設定年齢の中心にあたる。日々、彼らと接していると彼らが持つ特有の「しなやかな」センスに感銘を受ける機会がしばしばある。古くから存在していた香水というコンテンツさえも、彼らZ世代の手にかかれば、新しい側面、用い方が引き出され、日常の中で、自身の毎日を彩るため、また気分を上げるための重要なアイテムとして、コロナ禍を元気に乗り切る1つの解決方法になっていたのだ。

　老舗香水ブランドが試行錯誤を重ね新商品を発表する一方、全く新しいアプローチを通して後発の新生ブランドから、生み出される新しい香水たち。これから社会構造の中心を担うことになるZ世代に「響く」ことがブランド存続に直結する。今後、彼らZ世代が「何に」魅力を感じているのか、それをしっかりと把握し、製品の魅力に落とし込むことが、製品開発、ものつくりにおいて非常に重要な視点である。

　著者はこれまでもZ世代特有の感覚を、「食器」「レトロ」といったキーワードを通して研究、掘り下げて来た。今回は新たに「香水」という切り口で紐解いてみた。当初、著者が想像していた以上に、デザイン的な側面以外の要素が複雑に絡み合って存在しており、Z世代の特徴や考えかたについて、改めて研究を進めていきたいという想いが膨らんだように思う。そして、Z世代によって、改めて注目度を上げつつある「香水」を切り口に、興味深い研究が実践できるのではないかという考えに確証を持つことが出来た。

　今後、香水ボトルだけでなく、コスメティック製品のパッケージにも、ますます多様なパッケージが増えて来ると考えている。ただ、Z世代に本当に響くパッケージは、表層的にデザインが美しいものが魅力を持つ訳ではな

い。今回、紹介したブランドBAUMのように、環境への配慮にも徹底的にこだわり、SDGsをはじめ社会課題への解決策も盛り込まれたコンセプトを持った「内面」も美しい製品を創出できるブランドがその魅力を存分にZ世代に発信していくことになると考えている。そして、今後、香水だけでなく、コスメティック商品のパッケージデザイン、コンセプトには、「インテリア化」という要素も重要になっていくのではないかと想像している。著者自身の仮説を検証するべく、引き続き毎日、大学で顔を合わせることが出来る学生たちの協力を得ながら、Z世代を対象にした調査・研究を進めていきたい。

〔引用・参考文献〕
読売新聞朝刊「香水砂漠　若者が潤す」2024年7月18日
高橋学（2021）日経トレンド　コロナ禍で会員数7倍以上　「香水サブスク」が若者に
　受けるワケ　2021年3月3日
　　https://xtrend.nikkei.com/atcl/contents/18/00019/00028/（2024年10月閲覧）．
coloria 公式webページ
　　https://coloria.jp（2024年10月閲覧）．
Aesop 公式webページ
　　https://www.aesop.com/jp/（2024年10月閲覧）．
LE LABO 公式webページ
　　https://www.lelabofragrances.jp（2024年10月閲覧）．
TAMBURINS 公式webページ
　　https://www.tamburins.com/jp/（2024年10月閲覧）．
NONFICTION 公式webページ
　　https://jp.nonfiction‐beauty.com（2024年10月閲覧）．
韓国発コスメ「タンバリンズ」を深掘り！知っておきたい注目ブランド
　Fashion Snap 記事　2023年8月17日
　　https://www.fashionsnap.com/article/tamburins‐focus/（2024年10月閲覧）．
韓国発「ノンフィクション」で人気の香りは？支持を集める理由を深掘り
　Fashion Snap 記事　2023年11月28日

https://www.fashionsnap.com/article/nofiction‐focus/（2024年10月閲覧）.

BAUM 公式 web ページ

https://www.baumjapan.com/baum/index.html（2024年10月閲覧）.

PRTIMES STORY　より豊かに、よりサステナブルに。スキン＆マインドケアブランド「BAUM」立ち上げメンバーが語るブランド創設の裏側　2023年8月17日

https://prtimes.jp/story/detail/db8MWRhVKAB（2024年10月閲覧）.

第3章　色彩マーケティング

長崎　秀俊

1. 色彩の効果

　色彩がマーケティングやブランド戦略に影響を与えることは知られている。赤色から連想されるブランドといえばコカ・コーラ、緑色から連想されるのはスターバックス、シルバーから連想されるのはアップルである。また、赤いパッケージといえばキットカットやリッツ、ポッキー、ビスコ、キャラメルコーンが思い浮かび、黄色のパッケージといえば森永ミルクキャラメルやカロリーメイト、リプトン、CCレモン、北海道バターなどが思い浮かぶ。同様に緑色といえばキシリトールガム、おーいお茶、プリッツ、カール、三ツ矢サイダー、スプライトなどを思い描く人が多いのではないだろうか。

　製品を購入する際、90％以上の人々が色の影響を受けていることや、白黒広告よりカラー広告のほうが認識率が26％高くなることが知られている。Sparkman and Austin（1980）や Meyers and Peracchio（1995）らは、着色された広告と白黒広告を比較し、色彩広告の有効性を実証している。

　色彩がマーケティングやブランド戦略に重要であるにも関わらず、その効果を認識せずに失敗したケースも多く存在している。例えば、菓子のリッツで有名なナビスコ社は、自社製品のグラハムスナック・パッケージに地味な青色を採用したことで売上が減少し、ブランドの再設計と再出発を余儀なくされている（Ramirez 1990）。マクドナルドは店舗内装に彩度の高い赤色を使ったことで頭痛を訴える客が増加したことが報告されている（Von Bergen 1995）。また、香辛料メーカーのマコーミック・アンド・カンパニー社はパッケージや広告に無味乾燥なオリーブ・グリーン色を採用したことで売上が減少し、深みのあるフォレスト・グリーンに変更せざるを得なくなったとされている（Miller 1994）。

　マーケティングやブランド戦略において色彩を活用する効果は高いことが

知られているにも関わらず、何故実際のビジネスでは色彩活用における失敗が発生してしまうのか。何故、企業では色彩を効果的にマーケティングやブランド戦略に取り入れられないのだろうか。

Gorn, Chattopadhyay, Yi and Dahl (1997) は、その原因として「色の選択は科学というよりむしろ芸術であり、経営者はそれを導くための優れたフレームワークを持っていないからだ」と指摘している。また、広告主が過去の経験を色彩選択の指針にしていることや、カラーコンサルタントの推薦に頼っているが、その判断自体がデータに基づくより直観に基づいていることを指摘している。Miller (1994) は、多くの企業がカラー・マーケティング・グループ（カラーデザイナーとコンサルタントの団体）が年に2回行うカラー・トレンド予測の提言に単純に従っていると指摘している。Gornら (1997) は、実際のビジネスの状況において企業が行うマーケティングやブランド戦略に色彩決定がどのように論理的に行われているのかを確認するため、無作為抽出した12社の広告代理店のクリエイティブ・ディレクターに、詳細なインタビュー調査を行った。その結果、12名中9名のディレクターは広告制作において、色によって引き出される感情の違い（例えば、赤は刺激的）を検討すると回答した。しかし11名のディレクターは正しい色彩理論に精通しておらず、最後は自身の直観や経験そして個人的な好みで色彩を選んでいると回答している。また彼らが検討する色彩とは、色の3属性のうちの色相のみであることが大半であり、色彩の他の属性である彩度と明度の重要性、それらが再購買に与える影響にまで言及したディレクターは1名しか存在しなかった。実際のビジネスにおいては、色彩の重要性について理解している企業はあっても、効果的かつ科学的に活用できている企業が驚くほど少ないことが分かる研究結果である。

2. 色彩の3属性とその心理的効果

人間の眼は、物体が吸収し反射する光や物体を透過する光を色として知覚している。その色彩には3つの属性があり、それぞれ色相、彩度、明度と分類されている（表1）。これらの属性は、ある特定の属性が変化しても他の属性はそれよる影響を受けないという特性を持っている。

表1：色の3属性

	説明	例
色相	色み（色合い）の違い	赤・橙・黄・緑・青・紫・・・
明度	明るさの度合い	明るい ⇔ 暗い 高明度 ⇔ 中明度 ⇔ 低明度
彩度	鮮やかさ （色みの強さ）の度合い	あざやか（さえた）⇔ くすんだ（にぶい） 高彩度 ⇔ 中彩度 ⇔ 低彩度

出典：DIC カラーデザイン株式会社 HP

　色相（Hues）とは、赤、青、黄、緑のように色を特徴づける「色合い・色み」のことである。色みは光の波長の違いによって変化する。明度（Lightness）とは、色の明るさの度合いを示しており、明度が高くなると白に近づき、低くなると黒に近づく。最高明度の白を10とし最低明度の黒を0として明度の変化をその間の数値で表すことができる。彩度（Saturation）とは、色みの強さや鮮やかさの度合いを表現しており、色みが明確な色は彩度が高く、くすんだ色は彩度が低くなる。同じ色相・明度でも彩度が高ければより鮮明に見える。わずかでも彩度がある色は有彩色、白・灰色・黒などは無彩色とされている。

　過去の色彩研究において、マーケティングやブランド戦略の分野において最も蓄積があるのが色相に関する研究である。Whitfield and Wiltshire（1990）は、一般的に好まれる色相は、青、緑、紫、赤、黄の順番であると言及している。また、Madden ら（2000）は、8か国の学生を対象に調査を実施し、黒、緑、赤、白に対する好みは文化的に不変であるが、青、茶、金、オレンジ、紫、黄に対する好みは国別に異なることを報告している。

　明度に関する研究では、その高低によって重量感の知覚に変化をもたらすことが報告されている。Hagtvedt（2020）はこの理論を発展させ、重さの知覚が商品の頑丈さや耐久性とも結びつくことを実験により検証している。消費者が明度の低い商品を重いと知覚することで、耐久性が高いと判断し、逆に明度が高い商品を軽いと感じることで操作が容易であると判断することを明らかにしている。

彩度に関する研究成果は近年増えつつある。彩度に関する研究で多いのは、消費者の覚醒への影響である。彩度が高い対象物を見た消費者は、彩度が低い対象物を見た時よりも覚醒度を高めることが知られており、それが消費者に物理的に対象物を大きく知覚させることも確認されている。また消費者は彩度の高い状態に長時間いることで覚醒頻度が高まり、頻繁に覚醒されることで不快感が高まることも報告されている。彩度研究の成果は覚醒メカニズム以外にも報告されており、彩度はダイナミックさや活発さといったイメージを連想させるとされている。

3. 色彩をマーケティング・ブランド戦略に取り入れたケース

色彩研究の成果を積極的にマーケティングやブランド戦略に取り入れようとする動きも近年見られるようになってきた。色相の違いをマーケティングに活かしたものとして、製品品質やパッケージへの影響を研究したものが多く存在している。Wei, Ou, Luo and Hutchings（2012）は、オレンジ・ジュースの色みの変化が消費者の品質評価を変えることを実験調査より明らかにしている。緑がかったオレンジ・ジュースはより強い酸味と苦みを感じさせ、赤や黄色であるほど甘く、風味が強いと感じることが報告されている。Marozzo, Raimondo, Miceli and Scopelliti（2020）は、健康食品のパッケージを用いて自然食の効果を検証している。健康食品パッケージには自然を連想させるベージュなどの色相が混じりっ気がない添加物不使用の食品であると知覚させ、それが支払い意向価格を高めると指摘している。

明度に関してもマーケティングやブランド戦略において応用が試みられている。Mai, Symmank, and Seeberg-Elverfeldt（2016）は、ピザやヨーグルトのパッケージ明度の変化が健康イメージに与える影響について調査を行った。その結果、これらの商品パッケージの明度を高めることで健康イメージに対してポジティブな影響を与え、美味しさイメージに対してネガティブな影響を与えることを検証している。明度が高まることで消費者は、食品に含まれる脂肪分や糖分を少なく知覚し、より健康的な商品であると判断する。一方で、商品に対する濃厚感や成熟感を知覚しにくくなることで、美味しさの知覚が低下すると説明している。また明度の高低はリラックスの感覚と関

係していることも分かっている。

　彩度に関する研究はこれまで少なかったが、近年のその効果に注目が集まり研究成果が多く報告されている。Hagtvedt and Brasel（2017）は、彩度の高低が商品サイズの知覚に影響を与えることに注目し、消費者は彩度が高い商品に対して注意を向けやすく大きく知覚することから、好意度が高まることを検証している。また彩度の高さと興奮の間に相関関係があり、彩度の高い色は低い色よりも、より豊かで、より強く、より印象的な知覚を与えることも知られている。これらを応用して、Kunz, Haasova and Florack（2020）は、ジュースのパッケージ写真の彩度を高めることで新鮮さの知覚が高まり、健康さと美味しさの知覚向上に繋がることを確認している。

　Labrecque and Milne（2012）はブランド戦略の観点から、彩度が高いブランド・シンボルは興奮や能力、素朴といったブランド・イメージを連想させ、彩度が低いシンボルは、誠実、洗練といったブランド・イメージを連想させると伝えている。河股・守口（2023）は、彩度の高いシンボルがブランドの活力感の知覚を高めることを明らかにしている。

4．色彩戦略をマーケティング・ブランド戦略へ取り込む

　これまでの色彩研究の成果をマーケティングやブランド戦略に積極的に取り入れることで、消費者側の好意的な反応を引き出すことが可能である。最初に、マーケティングに取り入れるための提言を、商品開発、広告制作、店舗デザインの観点から述べる。商品開発においては中身と外側のパッケージについて効果的な指摘が可能である。商品が果物や野菜など比較的加工度の低い食品であった場合、高い彩度の状態である現物を見せることで「新鮮」、「健康的」、「美味しい」といった知覚を想起させることが可能である。商品がパッケージに覆われている場合も同様である。パッケージ上に商品写真を印刷して掲載する場合には、色彩再現における自由度は上がることになる。中身自体の商品現物の色彩を変えることは難しいが、印刷物の色彩を整えることは比較的容易だからである。印刷の場合にも彩度を上げることで「新鮮」、「健康的」、「美味しい」といった印象を与えることが可能である。但し、色相が緑に傾くと「酸味がある」、「苦みがある」などのネガティブな印象を

与えてしまう可能性があるので、注意が必要である。また、商品の中身が自然食品などの場合、パッケージ全体の色相をベージュ系にすることで「自然な」、「混じりっ気のない」、「添加物不使用」などの知覚を醸成させることができる。また比較的高価な商品（家電など）の場合、パッケージの色彩の明度を上げることで内容物の重量感を知覚させることができ、支払い価格に納得感をもたらすことができる。また、少量でも高額な食品（キャビアや松茸など）や土産物などにも適用が可能であろう。

　広告にも有効な戦略が提言可能である。例えばリゾート施設やマッサージ施設、カフェなどは広告に使用する色相の明度を上げることで、リラックス効果を知覚させることができる。この施策はそのままこれらの店舗内の内装にも応用が可能である。

　次に色彩活用をブランド戦略に活かす施策の提言を紹介する。ブランドが存在するカテゴリーごとに最適な色彩を選んでシンボルの色彩をコントロールする手法である。例えばブランドに"能力"や"興奮"を知覚させることが有効な自動車メーカーやPCメーカーは、彩度の高いブランド・シンボルを使用することが推奨される。"活力"を知覚させることが有効な栄養ドリンク・メーカーやスポーツ用品メーカーも、彩度が高いシンボルが有効である。また、ブランドに"誠実"を知覚させたい金融業やボランティア団体などは、彩度が低いシンボルを開発することが有効である。同じように、"洗練"を知覚させることが有効な精密機器メーカーや高級ブランド・ショップは、彩度が低いシンボルの開発が有効であろう。

　色彩研究の本格的な戦略への活用はまだ始まったばかりである。これまでは色味を表す色相による効果ばかりが注目されてきたが、実は明度や彩度にも消費者の知覚に影響を与える効果が存在する。今後は、どのように明度や彩度をコントロールすることがマーケティングやブランド戦略に効果的なのか、更なる研究の進展を期待したい。

〔引用・参考文献〕

Gerald, J. Gorn, Amitava Chattopadhyay, Tracey Yi and Darren, W. Dahl (1997)
　Effects of Color as an Executional Cue in Advertising: They're in the Shade,

Management Science 43 (10), 1387-1400.

Hagtvedt, H and Brasel, S. A (2017) Color saturation increases perceived product size. Journal of Consumer Research, 44 (2), 396-413.

Kunz, S. Haasova, S and Florack, A (2020) Fifty shades of food: The influence of package color saturation on health and taste in consumer judgments. Psychology & Marketing 37 (7), 900-912.

Labrecque, L. L and Milne, G. R (2012) Exciting red and competent blue: The importance of color in marketing. Journal of the Academy of Marketing Science 40 (5), 711-77.

Madden, T. J Hewett, K and Roth, M. S (2000) Managing images in different cultures: A cross-national sutudy of color meaning and preferences, Journal of International marketing 8 (4), 90-107.

Marozzo, V. Raimondo, M. A. Miceli, G. N and Scopelliti, I. (2020) Effects of au naturel packaging color on willingness to pay for healthy food. Psychology & Maeketing. 37 (7), 913-927.

Meyers, L and L, Peracchio (1995) How the use of color in advertising affects attitudes, The influence of processing motivation and cognitive demands. Consumer Research 17, 244-249.

Miller, M. A (1994) Cashing in on rich color schemes, Business Mexico, April 10.

Sparkman, R andL, M. Austin (1980) The effect on sales of color in newspaper advertisement. Advertising 9, 4, 39-42.

Ramirez, A (1990) Lessons in the cracker market: Nabisco saved new graham snack, New Work Times, July 5.

Shuo-Ting Wei, Li-ChenOu, M. Ronnier Luo, and B, Hutchings (2012) Optimisation of food expectations using product color and appearance. Food Quality and Prefeerence 23, 49-62.

Whitfield, T. W, and Wiltshire, T. J (1990) Color psychology: a critical review, Genetic, Social, and General Psychology Monographs, 116 (4), 385-411.

Von Bergen, J. M (1995) What's your favorite color, Calgary Hrald, February 13.

河股久司・守口剛 (2021)「消費者行動領域における色彩研究の潮流」マーケティン

グ・ジャーナル41 (2), 81-89.

河股久司・守口剛 (2023)「ブランド・ロゴ変更時の彩度の変化が消費者のブランド態度に与える影響」マーケティング・ジャーナル42 (3), 39-50.

第4章 「遊び心」の強み

藤巻　貴之

1. はじめに

　「日々、楽しく過ごしたい！」と、願っている人は多いのではないだろうか。その意味を考えてみると意外と奥深い。楽しく過ごすためには、自立した個人として責任を持ってやるべきことを行い、適切に他者と関わり、充実した自由時間を過ごし、ストレスなく生活していくことなどと考えられる。著者もその一人である。もちろん、課題や仕事に追われずに、好きなことだけを行えると考える人もいるかもしれない。しかし、実際には食事や睡眠などの生命維持活動や学業・仕事、家事などやらなければいけない（生活維持活動）に追われている。それらを除いた時間が自由に使える余暇時間となると意外と少ない。

　ここで問題となるのは、楽しい活動（余暇活動）だけで、日々を送ることはできないという現実であろう。その解決として考えられるのは、すべきことから逃避することもある。これは誰しもが思い当たる節がありそうである。一方で、自分がやるべきこと（生命・生活維持活動）自体をも楽しんでしまうという考え方もあるだろう。前者は楽しいことに依存し、後者は楽しむ思考を持つことになる。その点において、楽しむことは楽しいことがあるか、よりもその活動を楽しめるかによってくる。それを楽しむための能力と考えることができるという考え方に共感することができる（加藤, 2022）。

　本章では、より良く社会に適応し、生活していく上で「遊び心」について取り上げる。遊び心の概念を概観し、様々な活動の中で遊び心を強みとして生かすために必要な考え方を解説していく。

2. 遊び心の理解

遊びを考える

　遊びに関する記述を遡ると、その歴史の古さに驚かされる。古くは紀元前のプラトン、アリストテレスが言及し、心理学の分野でも多くの資料が蓄積されている。それだけ、多くの研究が行われているのであれば、明確に遊びを説明できると期待してしまう。ところが、実際には現時点においても遊びを明確に定義することは難しい。その難しさの理由として清水（2004）は、この日常的に使用している遊びを包括的に解釈する理論的枠組みが整備されていないためであり、その結果として、遊びという現象について、多様なアプローチが存在していることであるとしている。

人はなぜ遊ぶのかについての議論

　遊びの捉え方はさまざまで、ここではEllis（2000）の概説を紹介する。「遊びは余ったエネルギーを放出することによる活動」という余剰エネルギー説、「何らかの本能の表現形態」とする本能説、「個体発生は系統発生をくり返すためである」とする発生反復説などを挙げている。また、動機づけに関するものとして、「遊びは環境の中での結果を統制したり生み出したりする能力を証明しようとする欲求によって動機づけられている」という能力・効力説や「覚醒を追求するために、覚醒を維持しようとする欲求」を前提条件にする「覚醒・追求」説などを挙げている。このような議論がなされてきたが、遊びそのものを説明するものではない。

　また、機能的な側面に注目した考え方もある。遊びを、労働や学習がもたらす苦労や苦痛をいやす浄化活動とみなしたアリストテレスの浄化説、ラザルスのレクリエーション説や、または労働の束縛から解放されるための休養説、気晴らし説などがある（Ellis, 2000）。これまで、遊びはその原因や機能面から整理されてきたが、その議論そのものは「遊びとは何か」を説明しきれていないことを指摘している（清水, 2004）。

ピアジェの遊び理論

　心理学分野で遊びについて考える際、ピアジェが大きな貢献をしている。ピアジェは、遊びそのものに対して構造的・機能的なアプローチをとっている。以下に、ピアジェの概念を紹介する。

調節と同化

　ピアジェ（1988）は、遊びは調節よりも同化が優勢な活動であるとしている。同化と調節はもともと生物全般に関する概念であり、ピアジェはこれを人の外界の物事を認識する際に用いる認知機能に当てはめた。調節とは、対象に合わせて自分の方を変えて、対象を取り込みやすくする働き。同化は自分以外のもの（対象や環境）を自分の中に取りこむ働き（この際、対象を取り込みやすいように変化させる）を指している。また、調節と同化の2つが機能することで認知のバランスが良いとされる。

　社会の中では適応が求められる一方で、その適応に苦しんでいる。その点において、ピアジェの遊び理論は対象に対する対応の仕方を変化させことで適応・対応しやすくする調節ではなく、簡便な表現をすると非適応的にそして自由に自分の中に取り込むことであるとしている。この際、遊びにおける楽しさが生じ、調節の負担がない同化こそが遊びであるとしている。言い方を変えると適応的になればなるほど、遊びが消失することになる。

ルールのある遊びにおける楽しさ

　発達の観点から考えた際にも、遊びは社会的規範を学ぶ活動の一つとしても重要である。子どもが大人と一緒にボードゲームなどで遊んでいる時にマイルールを作り出し、自分が勝てるようにルールを変えてしまうことがある。経験したことのある人も居るであろう。そのルールの逸脱をかわいいと許すこともあるが、教育としてルールを遵守することを教えることもある。それを通して、社会と関わることの楽しさを学んでいく。先のピアジェの考え方を適応するのであれば、自分の思考をルールに合わせて調節することにより、その限定された枠組みの中での快を見つけていくことになる。

　一方でルールから逸脱すること自体にも楽しさを感じることもある。先に

述べたようなルールはすでに存在し、そのゲームに参加するときに参加者に所与される。しかし、ルールを破壊し、新たなルールを設定するには、創造することになる。そこにルールから逸脱すること自体の楽しさが生じている。しかし、ピアジェの遊び理論ではその時点で存在しえないルールなどを同化により取り込む楽しさは説明しきれないと指摘されている。

遊びと好奇心

　アリストテレスは有名な言葉残している。「人間が自分の周りの物事に好奇心を持つのは自然なこととだ」という言葉は、人の知的欲求を表現するのに十分である。ここでは、人の好奇心について触れたい。人は生まれてから新たに目にするものに興味を抱き、次に起こることに期待をしながら生き続けようとする。周りで起こる変化に興味を抱きつつ生きているといえる。この変化は生涯を通して私たちの周りに存在している。

　好奇心に関する研究は、発達的な研究が多く乳幼児、児童を対象に多くの研究が行われてきた。一例を挙げると赤ん坊は以前見たことがあるものよりも、前に見たことがないものの方を長く見つめるという結果も出ている。新しいものを優先する傾向は信頼性が高く、多くの研究でも測定指標としても使われている。人は新しいものに対して、興味を示し、それ自体を理解しようと試みている。子どもも手足が動くようになると興味あるものに触れたり、落としたりしながら、さまざまな原理を理解していく。何度もおもちゃを落として遊ぶ子どもに遭遇したことがあるだろう。動物においても遊びを通して、生命を維持させるスキルを身につけているといわれる。子どものライオンの追いかけっこは狩の練習などと考えられています。

　この考え方を人間に流用するのであれば、子どもは遊びを通して発見したことを活用し、大人のように社会で生きていくスキルを身に付けている。児童を対象とした研究からも、探求の必要性や時には教育自体が好奇心の減退や探究意欲の喪失、さらには活動そのものに対する価値（楽しさ）を見出せなくなるといったような研究結果をみることができる。

3. 遊び心―創造の動機づけ―

　好奇心は新しい知識や理解を求める動機づけとされるが、遊び心は新しいスキルを練習し、それらを創造的に使う動機づけと考えられる（グレイ, 2018）。この考え方は一般的な「遊び心」に付随するふざけた態度や姿勢を指し示す意味合いとは違ったものである。特徴づけられるのは、新しいスキル獲得という点である。

　グレイ（2018）は、多くの研究結果を総括し、「学び、問題解決、創造性は、遊び心を妨げることによって悪化し、遊び心を促進することによって改善する。」とし、遊びの優位性についてこれまでの研究を4つに整理し以下のように説明している。

① いい結果を出すような圧力は、新しい学びを妨げる

　良い結果を出すように圧力を掛けた調査を行うことは比較的簡単で、実験協力者が分かる形でパフォーマンスを観察したり、圧力をかけたりすることで実現できる。このような方法を用いたこれまでの研究結果では、まだ高いパフォーマンスを発揮できるスキルを持ち合わせていない初学者を対象とする場合、圧力があると良い結果が出ないことが分かっている。それよりも単純にその作業や遊びを楽しんでいる人の方が評価者に好印象を与えようとしている人に比べて良い結果を出すことが分かっている。

② 創造的になるように求める圧力は、創造性を妨げる

　評価の有無、創造性による順位、コンテストへの応募、賞などがあることを伝えることで、実験内でモチベーションを操作し、評価を意識させる実験がある。そのような複数の研究結果、驚くことに上記の創造性（ここでは芸術的な）を高めるように動機づけされたグループよりもそうではない（操作されていない）グループの方が創造性の評価が高かった。そこから考察されているのは、創造性を高めようと意図的に操作されたグループは、そうでないグループに比べて創造性を下げる結果となり、単純にその作業を楽しんでいた（遊んでいた）グループの方が創造性が高いという結果が示されている。

③ 遊び心を誘導すると創造性や洞察のある問題解決力が高まる

前項と同じよう操作したグループとそうではないグループによる芸術性の向上を比較する実験が行われた。ただし、1グループはコラージュを作成する課題が課され、一方のグループは作業の前にパン生地を使い自由な遊びを行った後に同様の作業を行った。その結果、パン遊びをしなかったグループよりも、遊び後にコラージュを作成したグループの方が創造性の高いコラージュを作成した。

また、心的状態が物事の本質を見抜く問題解決にどのように影響を与えるのかを研究したものがある。問題解決のためには、本質を見抜くのが難しい課題が用意され（その課題は本質を見極めないと解決できないもの）、多くの大学生は解決には至らなかった。一つのグループには、課題を行う前に5分間の喜劇を視聴してもらう条件を用意したところ、視聴していないグループと比較して解決率が大幅に上昇した。

④ 遊び心の心理状態が、年少者が理論的な問題を解くのを可能にする

理論的思考に関する研究結果でも同様に遊びが問題解決に影響を与えていることが分かっている。三段論法を使った実験において、真面目な状況では解けなかった課題が、遊びの状況だと解けることが報告されている。

これらグレイ（2018）が整理した4つの結論は、遊び心を持つことの必要性について多くのヒントを与えてくれている。学び、創造性、問題解決は、遊びの心的状態が促されることにより促進し、評価、報酬の期待、遊びを妨げられると抑制する。これらのことから、遊び心はこれらの活動において強い力として作用していることになり、それを支える思考や次に説明する強みを育む意義になるであろう。

4．強みの理解

これまで説明してきた遊び・遊び心について、強みとして考えていきたい。その議論をする前に、強みについて概観し、遊び心と関連する強みについて理解を深めていく。

強みを測定する

　私たちの持つ強みを測定するために、ポジティブ心理学の知見を生かしたVIA‐IS（Values in Action、強みに関する調査票）を開発されている。VIAの分類は、下記の6つの核となる美徳とその下位にまとめられた24の強みによって構成されている。

1．知恵と知識に関する強み
　　①創造性、②好奇心、③向学心、④柔軟性、⑤大局観（将来の展望）
2．勇気に関する強み
　　⑥誠実さ、⑦勇敢さ、⑧忍耐力、⑨熱意
3．人間性に関する強み
　　⑩親切心、⑪愛情、⑫社会的知能
4．正義に関する強み
　　⑬公平さ、⑭リーダーシップ、⑮チームワーク
5．節制に関する強み
　　⑯寛容さ／慈悲心、⑰慎み深さ／謙虚さ、⑱思慮深さ、⑲自己調整
6．超越性に関する強み
　　⑳審美眼、㉑感謝、㉒希望、㉓ユーモア、㉔宗教性／スピリチュアリティ

　このVIA‐ISの研究成果について下記の通り示す。ピーターソン（2012）の要約によると、1．よく当てはまる強みは、親切心、公平さ、誠実さ、感謝、柔軟性であり、一方、思慮深さ、謙虚さ、自己調整などの当てはまりは低かった。また、国別の比較において、文化的、民族的、宗教的、経済的な差異はみられなかった。この結果から普遍的な人間の本質や、社会に最小限必要な強みを示しているとも考えられる。2．成人と青年（男性）の差においては、希望、チームワーク、熱意は青少年に当てはまり、一方で審美眼、誠実さ、リーダーシップ、柔軟性は成人間でより一般的に認められた。3．熱意、感謝、希望、愛情といった強みの方が、向学心よりも人生の満足感と強い相関を持つ。これは、自分を他者へと向かわせる強みは、自分自身を幸せにするといえる。4．アメリカに在住し、9・11事件後2ヶ月の間に取られたデータでは、宗教性、希望、愛情の強みが増加し、文化的な価値観との一体感を示している。ここでは一部を紹介したが、VIA‐ISの調査票か

ら様々な結果をもたらし、幸せとはなにかを説明する材料を提供している。VIA‐ISはオンラインで公開されたため、大量のデータをアメリカのみならず様々な国において収集することに成功している。

　また、ポジティブ心理学およびVIA‐ISの功績として、臨床現場においても応用可能なエクササイズが多く開発され、効果を示している。これらのことから、幸せを高めることは、可能であり社会的影響も高いといえる。

強みの捉え方と活用

　強みの測定およびその研究成果を概観したが、さらに踏み込んで強みについて考えたい。強みについて考える前に大前提がある。先にあげたVIAに含まれる向学心、誠実さ、親切心といった強みを持っていることと、絶対音感や人並み外れた心肺機能などを持っていることは別物であることを理解してほしい。前者が強みであり、後者は才能とされる。才能を努力によって向上させているが、絶対音感のない人が絶対音感がある人と同じ努力をしても同じ到達点には達しない。才能という強い土台の上に努力を重ねることで、高いレベルの目標達成やパフォーマンスを発揮することができる。一方で、強みは才能とは別で道徳的な性質を持ち合わせている。そして、重要なのは才能のように先天性ではなく、十分な熱意を持って訓練を粘り強く行い、指導を受けることで自分の強みを育むことができる。才能は望んでも得られないし、拒否することもできない。その先天的で自動的に与えられたものに対して、強みは自発的なものといえる。

　ポイジティブ心理学の創始者の一人である セリグマン（2021）は才能と強みについて下記のように説明している。「折角、才能があるのに勿体無い。」「才能を無駄にしている。」などと表現することがある。しかし強みの場合は、「誠実さを無駄にした。」などとは使われない。強みをいつ使うか、どのように育むかだけでなく、どの強みを獲得するか・育むかという選択的な要素が含まれるからである。その点において、ポジティブ心理学の強みを育むことは自発的な選択行動であり、過度な努力や忍耐の上に成り立つものではなく、自分自身の気づきや工夫によって成り立っている。

強みの３つの判断基準

セリグマン（2021）がこの強みを活用する判断基準を示している。下記にそれを概説する。

① 強みは性格の特徴である

強みは性格特性であり、一度きりの行いを示すものではないことに留意して欲しい。ある場面で、一度きりの優しさや親切心などは強みとは捉えない。

② 強みはそれ自体が正当なものである

外的な報酬によって得られる直鉄的な利益とは異なり、強みそのものが評価されるものである。例えば、リーダーシップを発揮することにより、高い地位（特権）を得たり、昇進や昇給が得られる。ここでいう地位、昇進、昇給は外的な要因による報酬である。それはあくまでも、強みを活用した結果である。強みはそれから得られる結果に関係なく、強みそのものに価値を持つ。

③ 強みは理想の状態を示すものである

セリグマンは「生まれたばかりのわが子に向けられる両親の願い」と表現している。この言葉は、多くの親は（幼い）我が子に中間管理職になって欲しいなどとは願わない。人の痛みを理解できる人になって欲しい、自分の好きなことを見つけて欲しいなどと願うであろう。セリグマンは強みはその理想の状態を示していと述べている。

この強みを考えると私たちが日常的に触れる競争や対立社会について考えるヒントとなる。例えば、勉強ができ学力が上位、入学・卒業した大学、○○で優勝したチーム、何かに成功したなど。それ自体は素晴らしいことであるが、その結果により弱者を生み出してしまうのも事実である。時にはその努力が他者の気分を損なうこともある。しかし、強みはそのような競争・対立関係を助長するものではなく、他者との関わりの中でも相互に満足いく関係を生み出すことが可能であろう。そのため、強みによる行動は誰しもが勝

5. 遊び心に関連する強み

　先ほど紹介した VIA の分類の 1 つ目は知恵と知識に関する美徳である。その下位には①創造性、②好奇心、③向学心、④柔軟性、⑤大局観（将来の展望）の強みがある。本章で特に関連性が高い好奇心と創造性について触れる。

好奇心の研究
(1) 好奇心の測定
　好奇心は新たな経験に積極的であったり、今までの考え方では解決できないような出来事に柔軟に対応するために必要な強みである。好奇心の強い人は、物事をあいまいにせず、興味・関心を抱く。また、好奇心は興味を持った対象に対して能動的な活動を行い、受動的な活動では発揮されない。寝転びながらテレビを観ていても満足できないだろう。

　好奇心について、カシュダンとシルビア（Kashdan, T. B., & Silvia, P. J., 2009）は「人間に本来備わっているモチベーションを生じさせるための重要な心理的メカニズムである。」と説き、好奇心を追求することは本質的な満足感を覚える。もちろん、惹きつけられる傾向を示すものが興味ということになる。一方で、興味ある対象について好奇心を充足させるために調べても、不確実な情報しかないといったことが生じる。そのため、好奇心の強い人はストレス耐性が高い必要も出てくると考えられる。

　好奇心の測定は、ガシュダンら（Kashdan ら，2009）によって開発され、人が新しい経験を求める自然な傾向を示す「伸展型好奇心因子」と人が新しい不確定な出来事に向き合う能力を示す「包括型好奇心因子」の二因子構成であることを報告している。

(2) 興味
　興味については、ホランド（Holland, 1996）が提唱している「興味のカテゴリー」がある。興味を現実的、研究的、芸術的、社会的、企業的、慣習的

の6つのタイプに分類している。ホランドによると隣接する興味タイプは対角線上のタイプよりも関連性が高いとされる。研究的タイプの興味に惹かれる人は離れた企業的よりも隣接する芸術的タイプの事象に興味を持ちやすいといった考え方である。この興味の対象については、キャリアに関する指標としても活用されている。

個人の強みと興味を持つことがお互いに影響し合い、さまざまな意思決定を行い、自分の強みを成長させているといえる。

創造性の研究

目標達成のために、斬新だが適切なアプローチを見つけることにつながる強みである。この強みは実践的知能ともいわれる。そのため、従来のやり方では満足できないことが多い。その点において、芸筒的な創作活動に限定されたものではない。

(1) 創造性へのアプローチ

ここでは矢野ら (2002) が整理したもの概略する。創造性に関する研究に対する代表的なアプローチは、天才 (Genius) の研究である。1950年以前の研究の中心であった。過去の偉人の幼少期のエピソードなどをまとめ、知能指数を推定したり、パーソナリティと関連づけるなどである。また、フロイトは昇華 (本来不適切な衝動などを社会的に有意義な方向へ向けていく防衛機能の一種) の概念から創造性を説明している。

その後、1950年後半には創造性に関する研究報告が増えている。これは、YG検査法のもとになったジョイ・ギルフォードが1950年にアメリカ心理学会会長になったこと、スプートニク・ショック (1957年に旧ソ連が人類初の人工衛星「スプートニク」の打ち上げ成功による西側諸国が受けたショックのこと) が大きい。研究結果としては、職業における創造性、自己拡張などに関するものが中心であった創造性の研究から物理学、エンジニアリングにおける創造性へと関心が移ったとされる。

(2) 創造的な思考

心理学に焦点を当てギルフォードの拡散的思考（Divergent Thinking）を紹介する。収束的思考とは理論を積み重ねて一つの解を導き出そうとするのに対して、拡散的思考は固定観念にとらわれず、自由に無数に生み出していくことである。創造的な活動を行う上では、固定化された知識や思考から決まった結論を導き出す収束的思考は不十分である。また、拡散的思考により新しいアイディアを広げるだけでも不十分である。その広げた新しいアイディアを冷静に価値あるかを検証する過程が重要である。大黒（2020）は拡散的思考と収束的思考の相反する思考を繰り返す中で、一種の「思考の揺らぎ」としてもたされるのが創造性であると説明している。

(3) 特性としての創造性

心理学の中では、状態と特性に分けることがある。創造性の研究においても、拡散的思考をしている状態を捉えようとする考え方と拡散的思考をある程度持続的な能力と捉える考え方がある。1960年以降、どのようにすると人はアイディアが浮かびやすくなるのかという状態を研究するものが中心であった。

近年になって、「創造的自己」という概念が提唱されている（Karwowski & Kaufman, 2017）。簡潔に説明すると創造性につながる拡散的思考が高くても、創造的行動や創造的な成果が高まらないことがある。行動や成果として創造性を発揮できるかは、態度が影響するという考え方である。「私たちが、創造性とは何で、自分自身の創造性をどのように考えているのかに関する信念」を「創造的自己」としている。ここで言えるのは、先に説明した遊びなどを通して創造性を育んでも、その強みを十分に発揮する思考パターンの有無により成果が結びつくかが決まってくるということになる。

6. おわりに

本章ではこれまでに遊び心の概念を外観し、美徳をもとにした強みについて説明してきた。強みを測定する VIA の「知恵と知識に関する強み」という美徳に対して、創造性、好奇心、向学心、柔軟性、大局観（将来の展望）

といった強みが存在しているとされている。セリグマンをはじめ、多くの研究者が主張しているのは強みを育む必要性である。ここでは、遊び心を持つことは強みとして成立するのかについて考察し、本章をまとめる。

遊び心は強みになり得るか？

　朝、目覚め、今日を迎えることを新たな一日と捉えワクワクするのか、今日がまた始まるのかとどんよりとした気持ちになるのか。その両方があるのが当たり前であり、自らの働きかけ・思考によって少しでも良い日にしていくことが私たちに課された生との向き合い方なのだろう。そして、時には悪い出来事を受け入れ、耐え忍び、不快となる出来事をできる限り回避できるように対処行動を蓄積していく。その上で、私たちは新たなことにチャレンジしている。

　意識しているかは別として、私たちは日常で様々なことを理解したい・知りたいという気持ちを持ち生活している。一方で、その好奇心の塊である私たちは多忙な日々を送る中で、やるべきことに囚われ新たな知識を得ることや創造的に考えることの楽しみを失ってしまうこともある。社会人が効率化を求めるのは時間・資源・心理的コストを低減させるためである。このような時短を追い求める社会の中では、効率良く成果・ゴールを追い求める意識が高まることに疑問はない。だからこそ、遊び心を取り戻すことは、私たちの生活を豊かにするひとつにもなり得る。

　グレイ（2024）が示すように遊び心は新しいスキルを練習し、それらを創造的に使う動機づけである。効率化のためのスキル獲得と考えることで目的的に動機づけることで、学習意欲を高めることもできる。学生をみていても、ある一定数以上の学生は課題のために講義を受けたり、講義動画を視聴している。本質的に考えれば、講義により新たなスキルを獲得し、課題で定着させることが目的であり、課題の提出そのものではないはずである。課題そのものを楽しむ、仕事そのものを楽しむことを強要するつもりはないが、そのこと自体を楽しむよう意識を変えてみることも可能であろう。

〔参考文献〕

エリス，M・J.（2000）.『人間はなぜ遊ぶか：遊びの総合理論』（森楙・大塚忠剛・田中亨胤，訳），黎明書房.（Ellis, M. J.（1973）. Why people play. Englewood Cliffs, N. J.: Prentice‐Hall.）

グレイ，P.（2018）.『遊びが学びに欠かせないわけ―自立した学び手を育てる』（吉田新一郎訳），築地書館.（Gray, P.（2013）. Free to Learn: Why Unleashing the Instinct to Play Will Make Our Children Happier, More Self‐Reliant, and Better Students for Life, Basic Books.）

Guilford, J. P.（1967）. The nature of human intelligence. New York, NY: McGraw‐Hill.

Holland, J. L.（1996）. Exploring careers with a typology: What we have learned and some new directions. American Psychologist, 51, 397-406.

Karwowski, M., & Kaufman, J. C.（Eds.）.（2017）. The creative self: Effect of beliefs, self‐efficacy, mindset, and identity. Elsevier Academic Press.

Kashdan, T. B., Gallagher, M. W., Silvia, P. J., Winterstein, B. P., Breen, W. E., Terhar, D., & Steger, M. F.（2009）. The Curiosity and Exploration Inventory‐II: Development, factor structure, and initial psychometrics. Journal of Research in Personality, 43, 987-998.

Kashdan, T. B., & Silvia, P. J.（2009）. Curiosity and interest: The benefits of thriving on novelty and challenge. In C. R. Snyder & S. J. Lopez（Eds.）, Handbook of positive psychology（2nd ed., 367-374）. New York: Oxford University Press.

加藤 諦三.（2022）.『「心の重荷」の降ろしかた：「生きるのがつらい」ときはやり直せばいい』，三笠書房.

大黒達也（2020）.『芸術的創造は脳のどこから産まれるか？』光文社新書.

ピアジェ，J.（1988）.『遊びの心理学』（大伴茂訳），黎明書房.

ピーターソン，C.（2012）.『ポジティブ心理学入門：「よい生き方」を科学的に考える方法』（宇野カオリ訳），春秋社.（Peterson, C.（2006）. A Primer in Positive Psychology, New York: Oxford University Press.）

セリグマン，M.（2021）.『ポジティブ心理学が教えてくれる「ほんものの幸せ」の見つけ方―とっておきの強みを生かす遊びが学びに欠かせないわけ』（小林裕子

訳),パンローリング株式会社.(Seligman, M. E. P. (2002). AuthenticHappiness, N. Y. ArthurPineAssociates.)

清水武.(2004).遊びの構造と存在論的解釈.質的心理学研究, 3 (3), 114-129.

矢野正晴,柴山盛生,孫媛,西澤正己,福田光宏.(2002).創造性の概念と理論. NII Technical Report, <https://www.nii.ac.jp/TechReports/public_html/02-001J-j.html>(2024/10/30閲覧).

第5章　自分探しの迷宮
―「なんでも'MBTI'」の虚像とデジタル社会の鏡―

馬　珊珊

はじめに

　「E人」や「I人」という言葉をご存知だろうか。これは近年、中国のSNSをにぎわせている若者たちの間で広まっている、ちょっとユニークな流行語である。このネットスラングは、実は「MBTI（Myers-Briggs Type Indicator）」の「I（内向型）」と「E（外向型）」に由来している。そして、この「MBTI診断」は、今や東アジアのZ世代を中心に、自分自身や他者を理解するための性格診断にとどまらず、組織のチームビルディングや採用活動、さらには自身のキャリア選択や衣食住の好み選択など、趣味や娯楽の範囲を超えて広く受け入れられるようになっている。本章では、「MBTI」のブームとそれに伴う心理的・社会的に示す意味について論じていく。

1．性格診断旋風：東アジアを席巻する「MBTI」ブーム

　「MBTI」が東アジアで初めて流行したのは2000年代初頭の韓国である。当時、企業が社員研修や採用活動で導入し、自己理解やチームビルディングの手段として注目された。その後、2010年代にはSNSやメディアの影響で若者の間で自己分析や娯楽として普及した。特に2020年以後、K-POPアイドルが自身の「MBTI」タイプを明かすと話題となり、BTSメンバーが発表した際には検索数が急増した（図1）。2022年の調査では、18～29歳の韓国の若者の81％が「MBTI」を知り、83％はテスト結果が自分の性格に合っていると感じている。加えて、同年には、16種類の性格タイプの人が共同生活する様子を観察するリアリティ番組『「MBTI」Inside』が視聴率1位を記録し、「MBTI」は社交やエンタメの重要な要素として定着している（図2）。

　一方、中国でMBTIが流行し始めたきっかけは明確ではないが、中国のデータ分析サイト「千瓜数据」（2023）によると、2023年上半期、人気SNS「小

58　第5章　自分探しの迷宮

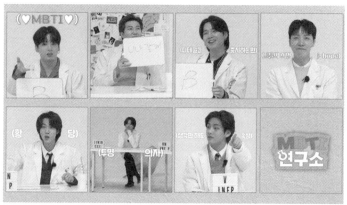

図1：『BTS MBTI Lab』公式画像
出典：『BTS MBTI Lab』-YouTube, 制作者：BANGTANTV（2024年11月26日閲覧）

図2：『MBTI Inside』公式ポスター
出典：IMDb.『MBTI Inside』ポスター画像，
https://www.imdb.com/title/
tt18969088/（2024年11月26日閲覧）

図3：「＃万物皆可 MBTI（＃なんで
　　　も MBTI）」の検索画面
出典：小紅書（RED），バージョン 8.63, Xingin
Information Technology (Shanghai)
Co Ltd., 2024年11月26日取得，App
Store.

紅書（RED）」での関連投稿は前期比約2.7倍、インタラクションも約2.5倍に急増した。そして、2024年11月26日現在、人気タグ「＃万物皆可MBTI（＃なんでもMBTI）」の総閲覧回数は33億9000万回に達している（図3）。

投稿の内容は下記のようなものが挙げられる。
「'MBTI'の秋冬コーディネート」→衣服・ファッションブランド
「INFJが落ち込んだ時の好きな食べ物」→フード・食生活
「I人 VS E人：インテリアスタイルのPK」→家具・インテリアブランド
「INFPの専属香水（フレグランス編）」→化粧品・コスメブランド

2023年上半期における「MBTI」関連の投稿を調査した結果、生活体験、恋愛・感情、インテリアに関する内容がインタラクション率でそれぞれ21.30％、19.40％、8.66％と上位3位を占めた。また、教育（7.83％）、スキンケア（4.81％）、メイクアップ（4.38％）など、他の人気分野にも広がりを見せている。これにより、中国では各業界が次々と「MBTI」をテーマに競争へ参入している状況がうかがえる。

2022年、韓国のアイドルが自身のアルファベット4文字の性格タイプを公開したことをきっかけに、日本でも「MBTI（16タイプ）」が急速に広まり、特に若者を中心に話題となった。otalab（2023）の調査によれば、47都道府県のZ世代（16～26歳）を対象にしたスクリーニング調査（5,991人）および本調査（661人）の結果、約6割が「MBTI」を「知っている」と回答しており、その高い認知度が確認された。「MBTI」を利用する理由には、友人や恋人との相性確認や就職活動への活用が挙げられ、診断を知るきっかけとしてはSNSや友人からの紹介が主であった。2024年には、日本の

図4：「4問でわかる裏MBTI診断」制作者：yami 82 yami 八海

出典：TikTok ティックトック，バージョン 37.4.0, TIKTOK PTE. LTD., 2024年11月26日取得, App Store.

TikTokで「MBTI」関連の内容が広まり、「裏 'MBTI」など新しいテーマも登場し、多くのユーザーが関心を寄せている（図4）。また、福岡大学縄田健悟准教授は、2024年4月の心理学講義では受講生200人中9割が「MBTI」を知っていると答えたことを挙げられる（朝日新聞デジタル，2024）。韓国や中国に比べやや遅れはあったものの、日本でも「MBTI」が若年層を中心に浸透していることがわかる。

「MBTI」は1962年にアメリアの学者によって開発され、21世紀初頭には東アジアでも研究が進んでいた。にもかかわらず、最近、特に若者の間でSNSやメディアを通じて急速に広まっている理由とその意味については謎が多い。この現象が示すものとは何か、私たちはどのように理解すべきか、考えてみる価値がある。

2．「MBTI」VS「16Personalities」

現在SNSやメディアで流行している「MBTI」と呼ばれるものは、正式な「MBTI」ではなく、実際にはイギリスのNERIS Analytics Limitedが運営するWebサイト「16Personalities」（区別するために、ここから「16Personalities」で表示する）である。これを説明するにあたり、まずは正式な「MBTI」について確認しておこう。

「MBTI」とは「Myers‐Briggs Type Indicator」の略であり、スイスの心理学者カール・グスタフ・ユングが提唱した心理学的タイプ論（Psychological Types）に基づいて1962年に開発された質問紙法の性格検査である。この検査は、アメリカ人の親子であるキャサリン・クック・ブリッグス（Katharine C. Briggs）とその娘イザベル・ブリッグス・マイヤーズ（Isabel B. Myers）によって作成された。

ただし、この性格検査は単に性格を診断ではなく、検査結果を通じて回答者が自身の心の働きを見直し、普段は意識しづらい内面的な特性を理解する手助けをすることを目的としている。また、人間の多様性や可能性への理解を深めるプロセスが重視され、自己分析のツールとして活用されるべきである。

しかし、現在流行している16Personalitiesは、正式の「MBTI」とは異な

るものである。16Personalities は、人間を16の性格タイプ（図5）に分類する性格診断ツールであり、オンラインで簡単に実施でき、所要時間は10～15分程度である。質問数は通常60問程度で、回答は7件法（賛成から反対までのスケール）で行われる。結果として、性格タイプ（例：INFJ、ESTP）に加え、外交型／内向型、直感型／観察型、思考型／感情型、計画型／探求型、自己主張型／激動型などの特性の割合が示され、性格の強みや弱み、適職、対人関係の特徴などが詳細に説明される。

　それに対して、本物のMBTI（Myers‐Briggs Type Indicator）は、心理学理論に基づいた正式な性格診断ツールであり、カール・ユングの心理タイプ理論を基に発展させたものである。公式なMBTIは、国際規格のトレーニングを受けた認定された有資格者によって実施され、通常は紙またはデジタル形式で行われる。質問項目は約93問で、2択形式（どちらかを選ぶ）で回答する。回答結果は、外向性－内向性、感覚－直感、思考－感情、判断－知覚という4つの指標を組み合わせて16種類の性格タイプに分類され、その後、性格特性や行動傾向が詳しく解説される。この結果は、個人の自己理解やキャリア選択、人間関係の改善に役立つことを目的としている。

　また、『16Personalities』の公式サイトにおける『Our Framework』の下にある『Our Approach』のセクションには、以下のように記載されている。」

With our NERIS® model, we've combined the best of both worlds. We use the acronym format introduced by Myers‐Briggs for its simplicity and convenience, with an extra letter to accommodate five rather than four scales. However, unlike Myers‐Briggs or other theories based on the Jungian model, we have not incorporated Jungian concepts such as cognitive functions, or their prioritization. Jungian concepts are very difficult to measure and validate scientifically, so we've instead chosen to rework and rebalance the dimensions of personality called the Big Five personality traits, a model that dominates modern psychological and social research.（

第5章 自分探しの迷宮

日本語に訳すると、

私たちのNERIS®モデルは、マイヤーズ・ブリッグスのシンプルで便利な頭字語形式を基に、双方の長所を組み合わせています。4つの尺度ではなく5つの尺度に対応するため、1文字を追加しています。しかし、マイヤーズ・ブリッグスやユング派の理論とは異なり、認知機能やその優先順位などのユング的概念は取り入れていません。ユングの概念は科学的に測定や検証が難しいため、代わりに、現代の心理学や社会学研究で主流となっている「ビッグファイブ性格特性（Big Five personality traits）」を再検討し、バランスを調整して取り入れています。

要するに、16Personalitiesは「MBTI」の4文字タイプ分類を採用しているが、その理論的基盤は「MBTI」やユングではなく、強いて言えば「ビッグファイブ」のほうだった。つまり、16Personalitiesは形式上「MBTI」を模倣しているものの、

図5：「16 Personalities」による16の性格タイプ
出典：「16Personalities」公式サイト https://www.16personalities.com/ja/性格タイプ（2024年11月26日取得）

実際には全く異なるアプローチを取っている。このため、形式的には共通点があるが、心理学的な基盤や理論には大きな違いがあると考えられる。しかし、現在流行している16Personalities に関する情報では、「MBTI」という名称が使われ、16Personalities と「MBTI」が同一視され、両者が混同されている。

それに対して、一般社団法人日本MBTI協会は、16Personalities は妥当性が検証されておらず、MBTI をまねているが「全く別のもの」だと主張した。さらに、「16Personalities 性格診断テストを「MBTI®」だと思って受けられた方へ」を公式サイトにても発信している。

しかしながら、2022年に16Personalities が流行して以降、「MBTI」という名称は16Personalities としてSNS やさまざまなメディアプラットフォームで急速に広まり、拡散してきた。2024年現在、「MBTI＝16Personalities」という認識はユーザーに深く浸透しており、一時的な修正はもちろん、今後これを覆すことも困難だろう。

3．「MBTI」と現代社会のカラクリ：情報化社会における認知、集団、ブランドの波及

「4文字の魔法」：記号化と情報カスケードの陰

SNS 上の情報は、記号論的なプロセスを通じて簡略化され、大衆に広がる傾向がある。「MBTI」という4文字の略語は、認知しやすく記憶に残りやすい情報の「記号」として機能しており、「16Personalities」という長い名称やその背景にある複雑な理論は、情報流通のプロセスで脱落する傾向にある。

さらに、SNS は「インフォメーション・カスケード（Information cascade）」現象を引き起こしやすいプラットフォームである。これは、多くの人が同じ情報を共有することで、その正確性や背景が十分に検証されないまま情報が信じられるようになる現象を指す（Bikhchandan & Hirshleifer, 1992）。「MBTI」という記号が広く流布する中で、情報源が「16Personalities」であることや理論的な違いが省略され、誤情報が強化されることを考える。

認知的省エネとアイデンティティ演出の「MBTI」

　SNSにおける情報拡散は、ユーザーの「認知的負荷（Cognitive load）」を軽減する形で進行する。「MBTI」と「16Personalities」の理論的違いを理解するには一定の専門知識が必要であり、多くのユーザーはその手間を避け、既知のフレームワーク（「MBTI」という名称）に頼る。この現象は認知的単純化（cognitive simplification）と呼ばれ、特に膨大な情報が流通するSNS環境では顕著である。

　また、SNSでは「自己呈示（self-presentation）」と「同調」が重要な役割を果たす。自己の性格タイプを共有する行為は、SNSユーザーが他者に自分をどう見せたいかを表現する「アイデンティティ形成」の手段として機能する。この際、「MBTI」のようにすでに知名度の高いブランドやフレームを利用することで、他者との共通点を強調し、コミュニティの一員としての一体感を得やすくなる。このような社会心理的要因が、16Personalitiesを「MBTI」として共有する行動を強化する。

SNS時代のミームと商業戦略の融合

　「MBTI」という言葉の使用が拡大している背景には、メディア環境における「ミーム（meme）化」のプロセスが存在する。インターネットミームは、ネット環境を通じて人から人へと文化的要素が模倣を通じて広がる現象を指す（Godwin, 1994）。「MBTI」というシンプルな記号は、視覚的・言語的に簡便であるため、SNS上で再生産されやすい要素となっている。これに対して16Personalitiesは、名称の複雑さや理論的背景の違いが広がりにくい要因となっている。

　さらに、「MBTI」という名称の使用が意図的に進められる背景には、メディア商品化（commodification of media）も関連している。SNSやメディアは情報をエンターテインメント化することで関心を集め、流通を促進する傾向がある。「MBTI」の名称は既存の心理学ブランドとして認知されており、商業的観点からは既知の名称を利用するほうがマーケティング効果が高いため、メディアが16PersonalitiesをMBTIとして広めることに躊躇がないのだろう。

　「MBTI」という既存の概念を利用することで、ブランドへの認知度を高

める一方、新しい情報や製品が既存の枠組みに吸収され、混乱を招くことになる。SNSやオンラインメディアでは、情報の正確性よりもクリック率や共有数が重視されるため、既知の「MBTI」を使用することで消費者の関心を引きやすいだろう。この戦略は、消費者の無意識的な信頼を利用しているため、倫理的な問題を孕んでいると考えざるを得ない。

16Personalitiesが「MBTI」として拡散される現象は、社会情報学的には情報流通における記号化とインフォメーション・カスケード、社会心理学的には認知の単純化と同調、メディア学的にはミーム化と商品化が関与している。この現象は意図的なものか偶発的なものかにかかわらず、既存のブランド力を利用し、簡便で拡散性の高い形式を採用することでユーザーを引きつけ、同時に概念の混乱を引き起こしている。

このような状況は、SNSやメディアにおける情報の正確性の軽視と商業的動機が結びついた典型例であり、情報リテラシーやメディア批判的視点の必要性を強調する問題であるといえる。

4．自己理解と自己表現の狭間：共感ツールか、自己迷宮か

いつからか自己紹介の一般的な流れが「名前、年齢、出身地／所属…」から「名前、年齢、MBTIタイプ…」へと変わったのか。その上、自分や他人を表現する際に、「私はとてもIだ」とか「彼は少しEだ」などの言い方がされるようになった。これには、現代の言語交流における乏しさや単調さが表れているだけでなく、交流における抵抗や欲求不満の側面も示唆される。

MBTIの16タイプ診断では、Iは内向型、Eは外向型を意味する。では、なぜ直接「私は内向的だ」または「彼は外向的だ」と言わないのだろうか。アルファード一文字で自分を表現することで、生まれてから慣れ親しんできた言語を使う場合よりも、言葉に対する母語羞恥（Mother tongue shame）や不快感が軽減するのだろうか。

特に自己紹介の中で自分のMBTIタイプを明示する人には、「私はこのタイプです、この4文字で皆さん私を理解してください」または「私と異なった性格の人は遠慮してください」といった多義的な解釈を許容する一方で、そこに潜む交流への抵抗感と空虚感が感じされつつある。この「4文字の魔

法」は、一種の防衛機制として機能していると言えるのかもしれない。

対面表現の欠如から自己表現への欲望

　デジタル技術の普及やオンラインコミュニケーションの台頭により、対面での人間関係が減少し、深い信頼関係や親密なつながりを築く機会が減少している。その結果、自己理解を深める機会も限られ、簡便な手段として16Personalitiesなどの性格診断が注目されていると考えられる。

　臨床心理学の観点からは、安定したアイデンティティの確立が心理的健康に重要であり、他者との相互作用の希薄化により自己像が不明確になる可能性がある。16Personalitiesは、このアイデンティティを補完し、性格タイプを確認することで安心感を得る手段となり得る。

　しかし、SNSなどのデジタル空間が主流になると、人々は日常生活の中で自己を表現する機会が減少する。対面での感情表現や自己開示が減る一方で、オンラインでの「自己ブランディング」や「アイデンティティの共有」が盛んになる。16Personalitiesは、自己表現の手段として「私はこのタイプ」という分かりやすいアイデンティティの枠組みを提供する。

　社会心理学では、自己表現は他者との比較や帰属感の獲得に関連している。特定の16Personalitiesタイプに基づいて自己を定義することで、他者との共通点や差異を見つけ、それを通じて社会的つながりを感じたり、承認欲求を満たしたりすることが可能になる。例えば、「私はENFPだから創造的で自由なタイプ」と説明することで、自分をポジティブに認識し、他者に印象付けることができる。

不確実性の時代における安心感の提供

　現代社会は急速な変化や不確実性に満ちており、特に若者は進路やキャリア、対人関係に対する不安を抱えやすい。こうした状況の中で、16Personalitiesは自分自身の性格や行動傾向を「明確なタイプ」として示すことで、自己理解の基盤を提供し、不安定な時期に安心感を与えている。16Personalitiesブームは、人間関係の希薄化や自己表現の不足、不安定な社会状況など、若者特有の心理的・社会的課題に応える形で広まった。この診断は単なる流行ではなく、心理的ニーズを満たすツールとして機能している。

　まず、このブームは若者が自己同一性を探求する欲求と密接に関連してい

る。エリクソンの心理的発達理論によれば、若者はアイデンティティ（自我同一性）を確立しようとする段階にある。16Personalities のような性格診断は、自分の特性を理解し、自己認識を深める手段として若者にとって魅力的である。結果として、16Personalities は自己理解のツールとして人気を博している。

次に、16Personalities は人々が自分を明確なカテゴリーに当てはめる欲求（分類欲求）を満たすことができる。16タイプというシンプルな分類は、複雑な自己の多様な側面を整理し、自分を特定の枠組みで理解する手助けとなる。このようなカテゴリー化は、人々に自己を他者と比較しやすくするだけでなく、自分がどのようなタイプに属しているのかという「安心感」をもたらす。

SNS を中心に16Personalities に基づく議論が活発化する中で、若者たちは自分のタイプを公表し、他者からの共感や称賛を得ることを通じて自己肯定感を高める傾向がある。こうした社会的相互作用は、自己効力感（Self-Efficacy）を高める効果もある。例えば、「自分は INTJ だから論理的思考が得意」といったタイプに基づく自己肯定は、行動や意思決定に自信を与える要因となる。

また、16Personalities はポピュラー心理学（Popular Psychology）としての影響力を持ち、学術的に厳密な検証を欠いている部分があるにもかかわらず、その手軽さと親しみやすさから多くの若者に受け入れられている。これは、複雑な心理学理論よりも簡潔で具体的な説明を好む一般的な傾向と一致している。同時に、16Personalities は自己理解と他者理解を促進するツールとしても活用されることが多く、これにより個人間の相互理解が深まり、人間関係の調和を図る一助となっている。

さらに、16Personalities がもたらす帰属意識も重要な視点である。同じタイプの人々と共感を共有することで、「自分は一人ではない」という感覚を得ることができる。このような帰属感は、特に孤独感や不安感を抱える若者にとって心理的安定を提供する要因となる。認知的不協和理論の観点から見ると、16Personalities タイプが自己イメージや行動と一致する場合、人々はその一致感に安心を覚え、内的な不調和を軽減することができる。

総じて、16Personalitiesブームは若者の自己理解、他者理解、社会的関係の構築において役立つツールであり、その背景には心理学的、社会的、文化的な多様な要因が複雑に絡み合っている。この現象は、現代社会の多くの若者が抱える「自分とは何か」「どこに属するのか」という問いへの手がかりを提供していると言えるだろう。

秩序欲求と分類本能のジレンマ

メアリ・ダグラス（Mary Douglas）の見解に基づけば、人間は社会の中で秩序を求め、その秩序を保つために人や事象を分類する傾向があるとされている。この分類の傾向は、人々が社会的安定性や予測可能性を重視し、それによって安心感を得ることと深い関連があると考えられる。人間は本質的に秩序を求め、社会的枠組みを形成し、その中で自分の位置を確認しようとするのだ。しかし、こうした分類の仕方は、必ずしも他者を公平に理解する方法とは言えない。見た目や属性に基づいて他人を一元的に評価することは、偏見やステレオタイプを生みやすく、個人の真実を見誤ることに繋がりやすい。「わたしはわたし。あなたはあなた。」という言葉は、まさにその個人の独自性を尊重し、外的なラベルや予断によらず、その人そのものを見ようとする姿勢を示している。

ところが、現在の若者たちは、かつてに比べてこのような価値観や言葉に多く触れながら成長してきた世代のはずである。情報化社会が進む現代では、社会的な「ラベリング」や「診断」が溢れており、特にSNSなどでは、個人の特徴を分類し、タグ付けして共有することが一般的である。興味深いことに、彼ら自身がその分類を積極的に受け入れ、時には他人をもその枠に当てはめて、自己認識や他者認識を行う傾向にある。これには、いわば人間の「根源的な欲望」、すなわち「分類欲求」や「秩序欲求（Order）」が色濃く反映されていると言えるだろう。この欲望は、社会的な安定を求める基本的な人間的衝動に根ざしており、その進化的背景を考慮すると、極めて普遍的である。しかし、この欲望が過度に強くなると、他者を簡易的に評価し、個別性を無視してしまう危険が伴うことも忘れてはならない。

5．バーナム効果と認知バイアス―「当たる！」と思わせる仕掛け

　そもそも、16Personalities には信頼性と妥当性が欠けており、学術学界では批判の対象となっている。信頼性はテスト結果の一貫性を指し、妥当性は測定対象を正確に捉える能力を意味するが、16Personalities はこれらの点で問題がある。たとえば、同じ人が再テストで異なるタイプに分類されることが少ない。これは性格が安定した特性であるという前提を覆すものであり、診断の信頼性に疑問を投げかける。

　さらに、16Personalities の５つの二分法は連続的なスペクトラムであるとされ、ビッグファイブ理論と比べて理論的基盤が乏しい。「当たっている」と感じられる理由には、バーナム効果（Barnum effect）が関係している。これは、「あなたは時に内向的で、時に外向的」というような曖昧で一般的な記述を、自分特有のものと感じる心理現象である。ほとんどの人に当てはまる内容を診断結果として提示することで、多くの人が自己に合致すると感じる。

　さらに、人は、自分の信念や期待を裏付ける情報を積極的に受け入れ、矛盾する情報を無視する認知バイアス（cognitive bias）を持つ。そのため、16Personalities の結果を受けた人は、自分の行動や特徴の中から診断結果に合致する要素を意識的または無意識的に選び取り、「やはり当たっている！」と思い込みやすい。たとえば、「INTJ は計画的」という結果が出ると、自分が計画的な行動を取った事例ばかりを思い出し、診断結果を支持する方向に解釈する。

　16Personalities は科学的な性格測定法ではないが、自己理解や対話のきっかけとして役立つ場合もある。しかし、これを科学的に正確な診断として過信したり、重要な意思決定に利用したりすることには注意が必要である。バーナム効果や認知バイアスを理解し、その限界を認識したうえで慎重に活用するべきである。

　前述のように、16Personalities は正式な MBTI とは異なり、科学的信頼性も妥当性も欠けると専門家らに指摘されている。しかし、正式な MBTI の基盤となったユングの分析心理学自体が、そもそも自然科学とは思想の異

なる学問であると一部の学者に非難されている。例えば、ユングの夢診断に科学的妥当性を求めることは極めて難しいとされている。そう考えると、科学的検証を欠く16Personalitiesと、もとより科学的な基準適合しづらいユング心理学理論に基づくMBTIのどちらが「より科学的」であるのかを論じることには、妙なねじれを感じざるを得ない。

　そもそも、この二者を「科学」という同じ土俵で比較すること自体が適切なのか、大いに疑問が残る。16Personalitiesを自然科学的に批判する一方で、MBTIの背後にあるユング心理学は、そもそも科学的枠組みを越えた存在である。こうなると、どちらが「真の科学」に近いのかを判断するための基準すら怪しいと言えるのではないだろうか。これを冷静に見極めるには、科学という言葉自体の意味を再考する必要がありそうだが、正直なところ、この議論の果てがどこに行き着くのか、筆者としてはなんとも言い難い。果たして真理はどこにあるのか。この問いに頭を悩ませながら、今日もまた16タイプの分類の中に自分を探す人々がいるのだろう。

6．エンターテイメント性：遊具としての「MBTI」と遊び集団の喪失

　16Personalitiesは、そのエンターテイメント性が若者の間で流行する大きな要因の一つである。性格タイプを16種類に分類する「MBTI」は、自己理解だけでなく友人や家族とのコミュニケーションのきっかけとしても機能する。このシンプルで親しみやすい診断は、クイズ形式で楽しめるため、ゲーム感覚で受け入れられやすい。また、SNSやグループで結果を共有したり、お互いのタイプを分析したりすることで話題を広げることができ、集団内での帰属意識（sense of belonging）を生む「遊び」としても機能している。これにより、診断自体がゲーム化（Gamification）され、多くの人々が楽しむきっかけを得ている。

　一方で、若者が従来の遊び集団を失いつつある現代において、16Personalitiesは新しい「つながり」を提供する遊具ともいえる。ドイツの社会学者ユルゲン・ハーバーマス（1973）が述べた「公共性の変容」に似た現象が見られるように、インターネットやSNSの普及により、従来の遊び場（集団）が物理的な空間（例えば、公園や広場）からオンライン空間を新たな集団形成の場へ

と移行しつつある（小谷，1996）。SNSやデジタル・メディアを通じて簡単に共有できる16Personalitiesは、共通の話題や属性を通じてオンラインコミュニティを構築しやすい特性を持ち、現代の若者が「擬似的な遊び集団」を形成するツールとして機能している。

　心理学者ジェームズ・ギブソン（James・J・Gibson）が提唱した「アフォーダンス理論（Affordance）」において、デジタル・メディアは新しい「遊具」としての役割を持っている。そもそも、16Personalitiesは、診断サイトやアプリ、動画コンテンツなど、デジタルプラットフォーム上で容易にアクセス可能であり、ユーザーにとって即時的かつ反応的な体験を提供する。このように、デジタル・メディアは「遊びながら自己分析を行う」場を提供するツールとして、16Personalitiesの流行を後押ししている。

　これらの要因が複合的に作用し、16Personalitiesは単なる性格診断を超えて、デジタル・メディアの浸透と若者の社会的ニーズが交差する若者文化の中核的な要素として広がっていると考えられる。

7．血液型診断ブームとの異同：似て非なる「自己診断」文化

　16Personalitiesが現在の流行を見ていると、かつて一世を風靡した血液型診断を思い出さざるを得ない。一見すると、両者が少し似ているのではないだろうか。

　血液型診断ブームは日本で1920年代に始まった。東京女子高等師範学校（現：お茶の水女子大学）の古川竹二教授が1927年に発表した「血液型による気質の研究」がその火付け役である。血液型と性格の関連を仮説としたこの研究は大きな関心を集めたが、科学的根拠の乏しさから戦前に一度衰退した（白佐・井口，1993）。戦後、1970年代に能見正比古の著書『血液型別性格診断』シリーズを契機に再び注目され、大衆文化として広がった。この時期、人々は自己理解や人間関係の向上を求めており、血液型診断は手軽な自己分析ツールとして浸透した。高度経済成長期にはテレビや雑誌を通じ、ポップカルチャーの一部となった。

　一方、MBTIは1940年代、ブリッグス母娘がユング心理学を基に開発した。第二次世界大戦後、性格タイプの分類と通じ、適職や人間関係を理解す

るためのツールとして生まれたものである。当時の企業や教育機関で求められた効率的な人材配置のニーズに応え、普及した背景がある。

　そして、16Personalitiesブームの始まりの年2022年の時代背景を見てみよう。2022年は、COVID-19パンデミックは依然として社会に大きな影響を与え、感染拡大や経済回復の遅れ、医療システムの圧迫を引き起こした。また、リモートワークや社会的孤立が精神的健康に影響を与え、不安感を深めた。ウクライナ戦争により、地政学的緊張が高まり、エネルギーや食料供給の問題が深刻化した結果、物価上昇と経済的不安定が強まり、将来への不安が増した。気候変動や政治的不安定も心理的影響を与え、社会全体の信頼感が損なわれた。

　これらの時代背景が重なり、2022年は不確実性と不安定感が強まった年であった。特にCOVID-19の影響で仕事や生活習慣が変わり、将来への不安や社会的分断が広がった。この状況で、個人のアイデンティティや自己探求を深めるツールとして16Personalitiesが求められ、流行を後押しした要因となった。人々は自己理解を深め、他者との繋ぐ手段として16Personalitiesを選んだことを分からなくもない。

　自己理解や他者理解への関心が高まる中で、16Personalitiesは「自分らしさ」や「他者との違い」を直感的に示す方法として注目されている。これは、かつての血液型ブームと似ており、特定のタイプに属することが仲間内でのアイデンティティの一部として利用される点で共通している。

　しかし、違いもある。血液型ブームが盛り上がった時代は、情報が主にテレビや雑誌で一方向的に提供され、血液型別の性格診断は「みんなで楽しむ占い」のような性格が強かった。これは、集団の中で共感や連帯感を深めるためのツールであったと言える。

　一方、現在の16Personalitiesブームはインターネットを介して個人が自発的に診断を受け、SNSでシェアしてコミュニティを形成する双方向的な特徴がある。また、16Personalitiesは16の性格タイプを使い、血液型よりも個別化された「私」を表現するのに適している。このため、若者は自分の個性を発信し、他者と比べて独自性を示す手段として16Personalitiesを支持していると考えられる。

したがって、血液型ブームと16Personalitiesブームは、共に自己理解と他者理解を求める心理に基づいているが、メディア環境の変化により若者に浸透する形が異なっていると言える。

おわりに

　以上は、筆者が昨今のトレンドとなっている16Personalitiesに関して抱いた若干稚拙ながらも一考の価値があると思われる見解である。筆者は、「16Personalitiesは科学的根拠が不十分だから信じるなっ」とか、「16Personalitiesは完全な商業戦略であり、抵抗すべきだ」といった主張を広めたいわけではない。

　むしろ、情報が爆発的に拡散し、目まぐるしく変化する現代社会において、過去から現在、そして未来に至るまで、このような16Personalitiesのようなブームは何度も繰り返されるだろう、という視点である。

　そして、このような環境の中で生きる私たちは、そのブームに順応し、迎合するのか、それとも孤高を貫くのか、あるいはその中間地点を探すのか。それに対する唯一の答えもなければ、「正解」と呼べるものも存在しないのだろう。この文章もまた、16Personalitiesブームに対する拙論陋見にすぎないのである。

〔参考文献〕

Bikhchandani, S., Welch, I., & Hirshleifer, D. A. (1992). A Theory of Fads, Fashion, Custom, and Cultural Change as Informational Cascades.

Godwin, M. (1994, October 1). MEME, COUNTER - MEME. Retrieved from https://www.wired.com/1994/10/godwin - if -2/（閲覧日：2024年12月7日）.

Habermas, J. (1990). Strukturwandel der Öffentlichkeit. Suhrkamp.（ハーバーマス，J., 1973,『公共性の構造転換』細谷貞雄訳 未来社）.

Qianwen Xue. (2023). Exploring the Causes of "Mother Tongue Shame" When Watching Mandarin Dubbing of Non - Native Language Films and TV Programs. Journal of Education, Humanities and Social Sciences, Volume 13, 152-157.

R.R. ペアマン，S.C. アルブリットン，園田由紀（翻訳）. (2002).『MBTIへの招待：C.G.

ユングのタイプ論の応用と展開』．金子書房．

一般社団法人日本MBTI協会．「16Personalities性格診断テストを「MBTI®」だと思って受けられた方へ」．Retrieved from https://www. MBTI. or. jp/attention/（閲覧日：2024年11月11日）．

朝日新聞デジタル．(2024, December 6)．「性格検査「NBTI」、採用活動にまで若者に人気、根拠には疑問も」．Retrieved from https://digital.asahi.com/articles/ASS8Z1JKNS8ZULBH00WM.html?iref=pc_rellink_01．

千瓜数据．「爆火的"为 i 做 e "梗，小红书如何成为年轻人的社交货币？」．Retrieved from https://www.bilibili.com/opus/825544065187577894（閲覧日：2024年11月11日）．

白佐俊憲・井口拓自．(1993)．『血液型性格研究入門』．川島書店．

守弘仁志・岩佐淳一・大野哲夫・小谷敏・城戸秀之・早川洋行・新井克弥．(1996)．『社会と情報ライブラリ 情報化の中の「私」』．福村出版．

otalob．「Z世代の2人に1人が『MBTI診断』を知っている！自己分析に活用している人も多数の結果に…」．Retrieved from https://otalab.net/press_'MBTI'/（閲覧日：2024年11月11日）．

第6章　監視資本主義の現在(いま)とBeRealの社会的意義

山口　達男

1．はじめに

　今日、人々の〈露出〉が激しい。服装の話ではない。赤裸々と称してよいほど、われわれの振る舞いがインターネット上に公開(パブリック)されている事態のことだ。個人情報の漏洩をはじめ、炎上や晒し行為、裏アカの流出、リベンジポルノといった事案が社会問題化しているのも、われわれの私的(プライベート)領域が無際限に共有(シェア)＝〈露出〉されているからにほかならない。このことを鑑みるならば、SNSなどを介してプライベートな情報／コンテンツが日々投稿(アップロード)されている現代社会は〈露出化社会〉と評せよう[1]。そして昨今、〈露出〉が流行するまでに至る現象が生じた。「BeReal(ビーリアル)」の登場である[2]。

　所謂「Z世代」を主なユーザーとするBeRealは、2020年にフランスでリリースされ、日本では2023年から人口に膾炙しはじめたSNSアプリである。Instagramなどのように写真の共有に特化したコミュニケーションを実践するサービスだが、それらとは異なり、一日1回、ランダムな時間にアプリから全ユーザーへと通知が届き、そこから2分以内に写真を撮影／シェアしなければフォローしている友人たちの投稿を閲覧できないという仕様になっている（図1）。よって、投稿せずに閲覧するだけの「ROM専」は禁じられており、積極的な〈露出〉がそこでは求められる。このことは「△ BeRealの時間です△」というタイトルとともに「2分以内にBeRealを投稿しないと他の友達の投稿が見れません！」と脅迫まがいな通知メッセージが送られてくる事実にも表れている（図2）。そのため通知を受け取ったユーザーのなかには、強迫症的にスマートフォンを取り出し、授業やテスト、勤務のさなかであっても撮影を行なってしまう者がおり、その使用を問題視する向きもある[3]。

図1：BeReal 公式イメージ
（出典：Apple App Store[2024]）

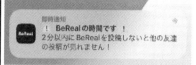

図2：BeReal 通知メッセージ
（出典：筆者撮影）

とはいえ、ここで論じたいのはTPOを弁えないBeRealユーザーたちに見受けられる道徳観の"欠如"や、脅迫＝強迫的に反応してしまう彼らの"病理"についてではない。無作為に選ばれた時間に4000万人以上のアクティヴユーザーがゲリラ的に写真を撮影・共有していく事態の意味するところを本章では議論の対象としたい。

2．BeReal の機能的特徴

　BeReal の公式ウェブサイトには「あなたの日常生活」「有意義なつながり」「自然発生的な瞬間」「本物の実生活」というキャッチフレーズとともに「毎日通知が届き、あなたの実生活を垣間見ることができる」との文言が謳われている。ここには同サービスがユーザーの「現実」（real）に基づくコミュニケーションを促進しようと意図しているのが汲み取れる。事実、他のSNSアプリが一般的に備えているフィルター加工や画像編集の機能をBeRealは実装していない。それらを排除することでユーザーの"ありのまま"や"素"、すなわち「リアル」が共有されるのを担保しているのである。

　またBeRealでは、撮影者とその周辺状況それぞれの様子がスマートフォンの内カメラと外カメラによって同時に撮影され、それらを1枚の画像に統合したものがアップロード／シェアされる（図3）。ユーザーたちは一方のカメラで自撮りをし、もう一方で周囲を撮影するわけだ。ただし、撮影画面上には片方のカメラが捉えている様子しか表示されず、他方が何をどのよう

図3：BeReal に投稿される写真イメージ
（左上の枠内が撮影者側の様子）
（出典：Team Braze[2023]）

な画角で写しているのかを確認することができないため、"盛れる"自撮りができたとしても周りの景色は"萎える"ものだったということが往々にしてある（逆も然り）。さらに、画角が不明だからこそ、予期せぬ「写り込み」も発生する。通常、写り込みがあった場合は再撮影やモザイク加工、修正処理がなされるが、先述のとおり BeReal において画像編集はできない。代わりに、2分の制限時間内であれば何度でも撮り直すことが可能となっているが、投稿時には撮影回数もシェアされることから、再撮影が多いほど「何度も撮り直した＝"ありのまま"ではない」との印象を他ユーザーに与えてしまうおそれもある。

　ちなみに、同時撮影を要件としつつも、インカメラとアウトカメラの撮影タイミングにはわずかなズレが設けられている。それゆえ、一方のカメラが撮影を完了する前にスマートフォンを動かしてしまったり、被写体が移動してしまうとブレやボケのある写真が撮影されるばかりでなく、画角の外側から歩いてきた「他人」が写り込んでしまうこともあり得る。したがって第三者的には、突然スマートフォンを取り出して自撮りをはじめた若者たちが、実はこちらの様子を無自覚に「隠し撮り」しており、それを無加工のまま共有するのではないか、というプライバシーや肖像権に対する懸念を感じずにはいられない[4]。

　こうした特徴からは、他者によって他者が無反省的に〈露出〉させられていくという事情を看取できる。たしかに他者による「晒し行為」はかつてから存在する。スクリーンショットされた LINE のやりとりや、ドライブレ

コーダーに残された映像、偶然居合わせた事故や事件の様子を捉えたもの、迷惑客や不届き者の行為を撮影したものなどをネット上やテレビで目にしたことがある者は多かろう。しかし大抵の場合、それらは何かしらの目的——告発や暴露、批判、あるいは"攻撃＝口撃"——に沿ったものであるはずだ。一方、BeReal には〈露出〉に伴う目的がない。むしろ〈露出〉それ自体が目的となっている。ユーザーたちはあくまで「生々しさ」を互いにシェアするためだけに写真をアップロードするのであり、そこに公益を意識した思惑はおろか、"承認欲求"や"自己顕示欲"といった類のものは見受けられない[5]。ただひたすらに「自己」「他者」「状況」をそのまま〈露出〉することが BeReal のコミュニケーションでは第一義とされ、現実を"演出"する"映え"や"盛り"といった行ないは「リアル」の共有に反するものとして斥けられる。ここからは BeReal が既存の SNS コミュニケーションに対するアンチテーゼとなっていることが指摘できよう。

3．監視に基づく経済秩序

さて、BeReal がもたらすゲリラ的な〈露出〉行為は「監視資本主義」(surveillance capitalism) と実は関連している。それを説明するにあたり、まずは監視資本主義についてみておこう。この語はアメリカの社会心理学者ショシャナ・ズボフが考案したものであり「人間の経験を、密かな抽出・予測・販売からなる商業的慣行のための無料の原材料として要求する、新たな経済秩序」と定義されている（Zuboff 2019=2021: ii）。

一般的に「監視」(surveillance) あるいは「監視社会」(surveillance society) は、国家や政府機関が国民／市民の様子を秘密裏に観察し、その行動を（権力の都合に沿うかたちに）管理しようとする実践・社会のことである。全体主義国家的な監視を実施してきたソ連の KGB や東ドイツのシュタージ、戦前日本の特高警察、あるいはジョージ・オーウェルの小説『1984年』に登場する「ビッグ・ブラザー」などは監視社会を象徴する代表的存在とされている。だが、われわれが生を営んでいる現代の情報社会において、監視の主体（担い手）は国家／政府だけではない。GAFAM といった巨大 IT 企業をはじめとする「デジタル・プラットフォーマー」も人々の監視に——国家をはるか

に超える規模で——携わっている。Googleでの「検索」、Amazonでの「購入」、YouTubeやNetflix、TikTokでの「視聴」、Twitter（現X）での「つぶやき」やInstagramでの「いいね」、さらにはChat GPTとの「対話」といった全世界のネットユーザーたちが行なう操作の記録（ログ）を、デジタル化された生活履歴としてモニタリングし、われわれの日常的な「経験」を「データ」に還元しているからだ。その上で彼らは「経験のデータ化」をビジネスの基本戦略とする。最たる例が「レコメンデーション」や「ターゲティング広告」と呼ばれる販促（プロモーション）手法である。

　これらの手法は、ユーザーの検索履歴や閲覧履歴、購入履歴、視聴履歴などのデータを収集・分析した上で、一人ひとりの趣味・嗜好にマッチした商品やコンテンツをウェブサービス上で「おすすめ（レコメンド）」したり宣伝するものだ。従来の広告はテレビや新聞、雑誌などのマスメディアに載せることで大衆（マス）（視聴者、読者）全員に同一の商品情報を届けていたが、レコメンデーションやターゲティング広告ではそれぞれに最適化（＝個人化（パーソナライズ））された商品情報が配信される[6]。大衆ではなく個人を標的（ターゲット）とすることは、無関心層にも到達してしまうマス広告に比べて費用対効果（コストパフォーマンス）や訴求力に優れ、配信された商品情報に対するリアクション——リンクから商品ページにアクセスしたか、実際に購入まで至ったか等——もライフログ／データとして収集できることから、広告効果を測定しやすいという利点もある。そのため多くのプラットフォーマーたちにとって自社運営のウェブサイトやアプリ、サービスに広告枠を設置したり、レコメンド機能を備えることは、企業からの広告出稿料を安定的な収入源として獲得することにつながる。広告主もこの手法を利用することで、より効率的な売上の向上が期待できる。

　このようにレコメンド／ターゲティングはプラットフォーマーと広告主の双方に利益をもたらすのだが、それが広く普及することは「監視」を収益化（マネタイズ）のための標準的（スタンダード）な手段とする「新たな経済秩序」が現行の資本主義において形成されること、すなわち監視資本主義の到来を意味する。そして、われわれにとってこの事態は、自身の履歴（ログ）を無償かつ強制的にプラットフォーマーへと提供させられた上で、その分析結果に基づく「おすすめ」の商品やコンテンツを有償で購入させられるというギブ・アンド・テイクの非対称化ない

し搾取の常態化にほかならない。これに対してズボフは、われわれの存在を他者の目的を果たすための"資源"や"素材(ネタ)"あるいは"道具"の地位へと降格させ、人間の「本質」(nature)を毀損するものだと批判している。

　ところで、商品情報のパーソナライズはユーザーの「プロファイリング」によって可能となる。われわれが排出したライフログで構成されている膨大なデータ群(ビッグデータ)から「Aという家電製品の購入履歴、Bというブランド服の購入履歴、Cという恋愛番組の視聴履歴、Dという有名ホテルの宿泊サイトを閲覧した履歴を持つ者は、Zという嗜好である確率が高い」という傾向(パターン)が発掘(マイニング)されたとしよう。このときA・B・C・Dすべての履歴がTというユーザーにも該当した場合、Tは「Zという嗜好を備える者」として人物像が創作(プロファイリング)された上で、その人物像(プロファイル)にターゲットを定めた商品やコンテンツがレコメンドされる。つまり各ユーザーがどのような嗜好や性格の特性を有した人物であるかを統計学的に予測する実践がプロファイリングである。それゆえ監視資本主義は、より精度の高い予測を目指して、より多くのデータを欲するようになる。A・B・C・Dという4つの変数だけではなく、性別や年齢、学歴、職業、年収、預金額、現住所、配偶者や恋人の有無、運動習慣、健康状態、行きつけの店舗、SNS上でフォローしているアカウント等も参照できるようになれば、ユーザーの実像により即したプロファイリングと、それに基づくより効果的なレコメンド／ターゲティングを果たし得るからだ。

4．"汚染"されるビッグデータ

　監視資本主義のこのような欲望は、あらゆる事物(モノ)や事象(コト)、さらには物理的身体としての人間(ヒト)をもネットワークのノードとして取り込み、共有＝〈露出〉されるデータの規模（Volume）・速度（Velocity）・種類（Variety）を指数関数的に増大させていく「モノのインターネット」(Internet of Things, IoT) や「すべてのインターネット」(Internet of Everything, IoE) と結びついている。IoTであれば電化製品や自動車、住宅などの「モノ」をネットに接続(リンク)させ、そこからデータを抽出することで、IoEの場合は「Society5.0」の一環である「スマートシティ」やトヨタが建設中の「ウーブン・シティ」(WOVEN CITY)のように街あるいは都市の全体にセンサーを張り巡らすなどし、社会生活を

はじめとするさまざまな「コト」をデータ化することによって、莫大な情報が得られるからである。「ヒト」に対しては、すでに実用化されているApple Watch等の「身に着けられる(ウェアラブル)」端末だけでなく、マイクロチップ技術を用いたスマートコンタクトレンズやデジタルメディスン（digital medicine）、ブレイン・マシン・インターフェース（Brain-Machine Interface, BMI）といった「身体に埋め込める(インプランタブル)」端末の開発・研究を通して、生体そのものをデータに還元することがIoEとして目指されている。

とはいえ、IoTやIoEによってあらゆるもの(エヴリシング)が秒単位で排出するようになったビッグデータから統計学的に認め得るパターンをマイニングすることは人間の情報処理能力では到底不可能であり、それには「人工知能」（Artificial Intelligence, AI）が欠かせない。したがって、監視資本主義はAIの支援なくしては存立し得ないのだが、ここで謂うAIとは人間が事前に認識／分類すべきパターンを設計・入力していく従来の機械学習（「教師あり学習」）に基づくものではなく、「深層学習(ディープ・ラーニング)」（Deep Learning）を実行するものとしてのそれである。

YouTubeにアップロードされている映像から無作為に抽出した1000万枚の画像を入力(インプット)した結果、AIが「猫」を"認識"できるようになったとGoogleが2012年に発表した事例は、ディープ・ラーニングの仕組みを伝える有名な出来事であろう。人間による事前の"教え込み"を必要とせず、AIがビッグデータからパターンの特徴を自らで把握＝"学習"し、それに基づいてさまざまな情報／データを分類していく「教師なし学習」がディープ・ラーニングであり、近年話題となっている「生成AI」の技術的要諦でもある。われわれの問いかけにAIが"返答"したり、「星新一風の短編小説」や「ゴッホ風のイラスト」を"創作"できるのは、ネット上に流通する膨大なテキストや動画像からパターンを"学習"していることに依る。そのためAI領域においても、パターンのより正確な"認識"や未知のパターンの"発見"に向けて、あらゆるものをデータに還元し〈露出〉させることは歓迎すべき営為と看做せる。

ただし、そこには「AIバイアス」や「アルゴリズム・バイアス」「データ・バイアス」と称される落とし穴もある。これらは、画像認識AIが黒人の写

真をゴリラと判定したり、チャットボットがナチス礼賛の発言をするなどのケースが実際に起きたように、"学習教材"となるデータセットに「偏り」(bias)があることで、それに基づいてパターンを"認識"した AI が"不適切"な出力（アウトプット）をし、差別や偏見を再生産してしまう問題を指す。ちなみに、この陥穽を悪用し、外部から意図的にデータへとバイアスを忍び込ませることで AI の動作を破壊する「データポイズニング」(data poisoning) と呼ばれる攻撃手法も存在する。

　また、ビッグデータが「フェイク」(fake) による"汚染"に晒されていることもディープ・ラーニングに係る課題である。愉快犯的なものから相手を貶めるためのもの、閲覧数（ページビュー）を稼ぐためのものまで、さまざまな理由のフェイクが蔓延することで客観的な事実が埋もれ、主観的な心情＝信条が前面化していく「ポスト・トゥルース」(Post-Truth) 時代を迎えて久しいが、そうしたフェイクが大量に含まれるビッグデータから"学習"することも AI バイアスの起因となる。

　他方、AI が出力した内容（コンテンツ）に虚偽が含まれていたり、それに外国語を翻訳させた際、誤訳や間違った言葉遣いが見受けられる場合があることは周知のとおりだ。加えて、生成 AI の登場以降、本物や事実と見紛うほど精巧に作られた「ディープフェイク」(deepfake) も加速度的に増殖している。それゆえ、AI が産出した大量のフェイクによって"汚染"されたビッグデータを、AI 自身が"学習"することで"不適切"な情報／コンテンツが新たに生成され、それをまた AI が"学習"してより歪曲された生成物が出力され、さらにそれを……といった自家中毒的な「エコーチェンバー」(echo chamber) が生じ得る[7]。実際「大規模言語モデル」(Large Language Model, LLM) では、こうした事象がすでに確認できるという (Shumailov et al. 2024)。

　いわば、現在のビッグデータは AI にとって"毒"(poison) と化しつつあるわけだが、それに冒され、不正確なパターンを"学習"したものに精度の高いプロファイリングなど望むべくもないのは衆目の一致するところだろう。このことはつまり、"データ汚染"が AI 技術のみならず監視資本主義の存立をも危うくする事態であることを示している。

5. リアルの希求

　毒物への対応はいくつか存在する。たとえば、誤ってそれを取り込んでしまうことがないよう、毒物を（施錠できる場所などに）隔離的に保管したり、毒であることを明示するラベルを貼付するといった方法が考えられる。他には、毒性を限りなく薄める「希釈」という対処法も知られている。"データ汚染"の場合、フェイク検知システムやAIコンテンツ検出ツールなどを活用することで"毒"として機能し得るデータをAIの"学習"前にビッグデータから除去＝洗浄（クリーニング）するという措置が、前者——毒を取り込まないこと——に相当する。対して後者——希釈——には、嘘偽り（フェイク）に塗れたビッグデータに現実（リアル）を大量投入することでそれを"無毒化"していくという方策が対応しよう。BeRealの意義はここに存すると考え得る。実際、加工・編集機能を実装せず、カメラの撮影タイミングにズレを設定することで「リアルでない」もののシェアを抑制し、脅迫的な通知メッセージや2分間のタイムリミット、自分が投稿しなければ友人たちの投稿を閲覧できないというゲーム的要素（ゲーミフィケーション）の導入によってユーザーの行動を"ありのまま"の〈露出〉へと向かわせるBeRealの機能的特徴は、"無毒化"という企図を果たすための「アーキテクチャ」（architecture）や「ナッジ」（nudge）として捉え返すことができる。

　アーキテクチャとは「法」「市場」「規範」とは異なるかたちで人々の行動を規制する手段のことである（Lessig 1999=2001）。「建築／設計」という語意からも窺えるとおり、公園のベンチに肘掛けとして使える仕切りを設けて酔っ払いやホームレスがそこに寝そべることを困難にしたり、ファストフード店にある座席の座り心地をあえて悪くして長時間滞在しないようにすることなどが、その典型例として挙げられる。人々に直接ルールを課すのではなく、物理的（ハードウェア）あるいは電子的（ソフトウェア）に「環境」へと介入することで特定の行動を制限するわけだ。一方「ひじで小突く」という意味を持つナッジは、認知科学や行動経済学の知見を踏まえて、われわれを一定の行動へと誘導する仕組みのことを言う。店舗の床面に足跡のマークを等間隔に貼り付けることで来店客が自然とその位置に並ぶようになり、店員が声掛けせずとも会計待ちの列

が維持されたり、ソーシャルディスタンスの確保が果たされるといった事例がこれに該当する。人々が意識的にならずとも「望ましい振る舞い」を"自発的"ないし"主体的"に行なうよう後押しすることが、そこでの眼目となっている（Thaler and Sunstein 2008=2009）。こうした技法をアプリ／サービスの「仕様」として駆使することで、BeRealは"汚染"されたデータの希釈を実現していくわけだ。

　なお、リアルの〈露出〉を希求しているのは、より多くの、より純粋（ピュア）なデータの獲得を望むプラットフォーマーやデータサイエンティストたちだけではない。より透明（クリア）で、より誠実なコミュニケーションの遂行を願う〈社会〉もまた同様である。

　先述したように、BeRealは"映え"や"盛り"に象徴される既存のSNSコミュニケーションに抵抗するものだが、翻って言えば、そうしたコミュニケーションが初期設定（デフォルト）となってしまうほど"演出"された情報／コンテンツが、われわれの身の回りには氾濫しているわけでもある。その結果、"盛っていない＝演出されていない"ことを"本物"や"真実"として扱う価値観や需要（ニーズ）が〈われわれ＝社会〉のなかに醸成されていくこととなる。このことは、「ヤラセ」に対する過剰なまでの反応がSNSで沸き上がる一方、ドキュメンタリーやリアリティを謳う映像作品、飾らない様子を伝えるVlog、率直な物言いを"売り"にする芸能人（タレント）やインフルエンサーなどが支持されている事実からも窺える[8]。2024年3月にイギリス王室が公開した皇太子妃の家族写真に加工の痕跡が見つかったことで本人が謝罪するに至り、同年10月に発足した日本の新内閣に同種の批判がなされたのも、"演出されたもの"を一律に「偽物（フェイク）」や「現実ではないもの」と即断する価値観がその背景に認められるはずだ。要するに、われわれは無加工で無修正な有り様＝リアルを社会的にも要請されているのである。

　これに関連して、BeRealがフランス発のサービスであったことはあらためて強調されるべきであろう。というのも、同国では、過剰に加工された非現実的（アンリアル）（unreal）な体型を理想的な"美しさ"と解し、不健全かつ過激なダイエットを行なう若者たちの健康問題を背景として、広告に起用したモデルの体型を実際よりも細く／大きく見せるために画像を修整（レタッチ）した場合、その

ことを明記することが2017年に施行された法律で義務づけられているからだ。かねてより「リアルであること」を切望してきたフランス社会のなかから現れ出たことも、BeRealが"演出"を排し、脅迫＝強迫的に"ありのまま"の〈露出〉を呼びかけている所以だと考えられる。言い換えれば、ビッグデータの"無毒化"のみならず、社会的要請への応答可能性＝責任（responsibility）を果たすこともBeRealの意義には含まれている。

6．おわりに

　2024年6月、BeRealはスマートフォン向けゲームの開発・運営を事業とするフランス企業「Voodoo」によって買収された。これは、リアルの〈露出〉がプラットフォーマーにとって重要な関心事として認定された証左となろう。ランダムな時間にユーザーから〈露出〉させた"ありのまま"のデータを保持するBeReal——同サービスがユーザーの投稿データを保存していることはプライバシーポリシーに明記されている——と、1億5000万人超のアクティヴユーザーおよび彼らの情報／データを抱えるVoodoo（プラットフォーマー）が連携することで、これまでのデータマイニングとは異なるパターンの"発見"、そしてユーザーの深層＝真相により肉薄したプロファイリングの実現が、そこでは期待されていたはずだ。

　それを裏づけるかのように、買収の翌月にはBeRealが広告事業の開始を発表している。ただしそこでは、"ありのまま"に基づくこれまでのユーザー体験（エクスペリエンス）が維持されるよう、広告主にはフィルター加工や過度な編集を施さない自然なコンテンツの制作（クリエイティヴ）が推奨されているという。プロモーション活動においても「良く見せること＝"演出"すること」は忌避され、あくまで「生々しいこと」が要求されるのである。こうした広告がパーソナライズされたものとしてユーザーに配信されるかは本章校正時点（2025年1月）ではまだ判然としていないが、いずれそうなることは時間の問題だと思われる。そのときBeRealは、監視資本主義の生態系（エコシステム）に完全に組み込まれることとなろう。

　だが、少なくとも日本におけるBeRealの流行は往時に比べて落ち着きをみせている。実際、通知が届いたら即座にスマートフォンを取り出し、撮影

に勤しむ者の姿は以前ほど見受けられなくなった。アプリのアップデートによって通知から2分以内でなくとも投稿ができるようになったことや、惰性的な写真——たとえばカメラレンズを手で覆ったり、スマートフォンをポケットのなかに入れたりして撮影した何も写っていないもの——をシェアする者が現れるようになったこと、それに伴って〈露出〉それ自体を目的としたコミュニケーションへの共感が当初よりも弱まったことなどが、その要因として考えられる。

　ともあれ、フェイクに塗れた"汚染"状態のビッグデータが、監視資本主義にとって対処すべき重要事案であることに変わりはない。BeRealがその解決にどこまで寄与し得るかは不明だが、今後も同様の取り組みがさまざまに実践されていくだろう。そして、そのたびにわれわれは呼びかけられるのだ。「リアルであれ（Be real）」と。

〔謝辞〕
　本章を執筆するにあたり、BeRealの事情について目白大学社会情報学科および明治大学情報コミュニケーション学部の学生諸君から大いに学ばせてもらった。記して感謝申し上げる。

注
1　〈露出〉と〈露出化社会〉の含意については山口（2021）を参照されたい。
2　「ビリール」と表記する場合もある。これは「BeReal」という名称の由来が映画制作において補足的な映像資料を意味する「B‐reel（ビーリール）」にあることに依る。実際、公式のプライバシーポリシーもそのように記していた時期があったようである。本章では、後論していくように、それが「現実」の共有を第一義としていることを鑑みて「ビーリアル」の表記を用いている。
3　筆者自身、講義中にBeRealの通知が届いた学生たちが一斉に写真撮影をはじめ、大量のシャッター音を教室内に響き渡らされた被害者である。
4　ユーザーのなかには、撮影タイミングの時差（ラグ）を逆手にとり、一方のシャッターが切られるまでのあいだに画角を変えるという"裏技"を行なう者もいる。とはいえ、それを以って写り込みが阻止されるわけではない。
5　事実、BeRealには「いいね」数やフォロワー数の表示機能がなく、自身がどの程度"承認"されているかを示す数値的尺度が存在していない。

6 このときユーザーは、パーソナライズされた情報のみが透過できるフィルターを膜とするシャボン玉——「フィルターバブル」（filter bubble）——のなかに閉じ込められたと看做される（Pariser 2011=2012）。

7 エコーチェンバーについてはSunstein（2001=2003）を参照のこと。

8 とはいえ、カメラを向けられた際、多くの者がピースサインなど平常時において不自然でしかない「姿勢（ポーズ）」をとってしまうことを想起するならば、そこに全き「リアル」が写し出されているとは言い難い。

［参考文献］

Apple App Store（2024）「BeReal」，<https://apps.apple.com/jp/app/id1459645446>, Accessed 2024, October 24.

BeReal（2024）「BeReal 公式ウェブサイト（日本語版）」，<https://bereal.com/ja/>, Accessed 2024, October 24.

Lessig, L.（1999）*CODE and Other Laws of Cyberspace,* Basic Books. ＝ローレンス・レッシグ／山形浩生・柏木亮二訳（2001）『CODE——インターネットの合法・違法・プライバシー』翔泳社.

Pariser, E.（2011）*The Filter Bubble: What the Internet is Hiding from You,* Penguin Press. ＝イーライ・パリサー／井口耕二訳（2012）『閉じこもるインターネット——グーグル・パーソナライズ・民主主義』早川書房.

Shumailov, I., Shumaylov, Z., Zhao, Y., Papernot, N., Anderson R. and Gal, Y.（2024）"AI models collapse when trained on recursively generated data," *Nature,* 631: 755-9, <https://doi.org/10.1038/s41586-024-07566-y>, Accessed 2024, October 24.

Sunstein, C.（2001）*Republic.Com,* Princeton University Press.＝キャス・サンスティーン／石川幸憲訳（2003）『インターネットは民主主義の敵か』毎日新聞社.

Team Braze（2023）「『BeReal』とは？ Z世代で大流行している新しいSNSアプリ」，<https://www.braze.co.jp/resources/articles/bereal>, Accessed 2024, October 24.

Thaler, R. H. and Sunstein, C. R.（2008）*Nudge: Improving Decisions about Health, Wealth, and Happiness,* Yale University Press.＝リチャード・セイラー，キャス・サンスティーン／遠藤真美訳（2009）『実践 行動経済学——健康、富、幸福への聡明な選択』日経BP.

山口達男（2021）「ネットワーク社会における〈告白〉事情」『社会情報学』9（2）: 55-70.

Zuboff, S.（2019）*The Age of Surveillance Capitalism: The Fight for a Human Future at the New Frontier of Power,* Public Affairs.＝ショシャナ・ズボフ／野中香方子訳（2021）『監視資本主義——人類の未来を賭けた闘い』東洋経済新報社．

第7章　災害避難行動をめぐる
意思決定メカニズム
―モデル化の試み―

内田　康人

「気候変動等によって、自然災害のリスクは高まってきている」

　令和5年版 防災白書は、1節を設けて「自然災害の激甚化・頻発化」を取り上げ、平均気温の上昇や大雨の頻度の増加など、気候変動とその影響が全国各地で現れていると指摘した。日本の年平均気温はこの100年で1.30℃上昇、5年の移動平均推移では1980年代後半から平均気温の上昇速度が加速しており、それと相関するように全国的に大雨や短時間強雨の発生頻度も増加している。日本近海の年平均海面水温も、100年間で1.24℃と平均気温と同程度上昇しており、それが台風の勢力拡大に影響を与えることで、台風被害の拡大につながるおそれが懸念されている。

　国内では、毎年のように発生する暴風、豪雨、洪水、土砂災害、高潮等の気象災害による被害を受けており、関連する情報や知見が蓄積され、広く共

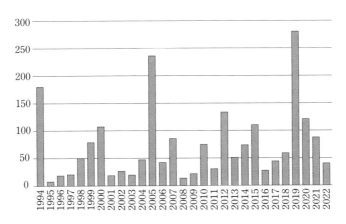

図1　風水害による死者・行方不明者数
出典：令和4年版 防災白書（2022）から筆者作成

有されている。そうした教訓等をふまえ、毎年のように防災基本計画が修正されるなど、様々な災害対策も講じられてきた。それにもかかわらず、図1に見られるように、風水害による被害者数が減少傾向にあるとは言い難い。

　災害による人命被害を生まないために、有効な方策の一つと考えられているのが、住民の早期避難である。特に台風などの暴風雨・集中降雨による洪水や地滑りといった風水害・土砂災害では、災害発生までに時間的猶予があることから、避難する余地があることが多い。逆に、それゆえに「心理的・環境的な様々な要因が住民の避難意思決定に影響を与える余地が大きく、避難が実行されにくい」（田中ほか2018）という指摘もある。結果として、現実の災害場面において避難勧告が発令されても、必ずしも適切な避難行動が迅速にはとられず、上記のとおり、犠牲者を生み続けている。

　避難は、生命や家財等に多大な被害が生じうる状況において、有効なリスク回避の手段となりうる。しかし、相応の労力や時間、精神的な負荷などを要する反面、それが空振りに終わる可能性も高く、「不確実性」の高い意思決定ともいえる。その結果、様子見や先延ばしによる避難の遅れが生じたり、避難行動がとられにくいという実態もある。

　以上をふまえ、本稿では風水害・土砂災害に災害の対象を限定したうえで、避難行動の意思決定をめぐる、以下の論点について探っていく。

・人命損失という多大な被害が生じるリスクにもかかわらず、避難行動はなぜとられにくいのだろうか。その意思決定には、いかなる心理的なメカニズムが働いているのだろうか。
・避難行動がとられるためには、どのような要因や条件が必要なのだろうか。
・避難の意思決定がなされ、避難行動が実行されるまでに、いかなる過程をたどるのだろうか。避難の意思決定から行動にいたる過程は、どのようにモデル化できるだろうか。

1．災害時になぜ避難しないのか

(1) バイアス・メカニズムによるリスク認知のゆがみ

　災害に直面しても避難しない、避難が遅れるなど避難行動がとられにくい

理由には、人間のどのような心理や認知のあり方が関わっているのだろうか。多くの文献で指摘されているのが、「正常性バイアス」（normalcy bias；または「正常化の偏見」）の影響である。正常性バイアスとは、「警報や災害の前兆など危険を知らせる情報や環境的な手がかりに接しても、それによって本当に自分に危険が迫っているとは認知せず、避難の意思決定や行動に結びつかない現象」（中村2021）を指す。それは、「環境からインプットされる情報を日常生活の判断の枠組みのなかで解釈しようとし、危険が迫っていることを認めない態度」（三上1982）でもあり、異常を「正常の範囲内」ととらえることで「心の安定を保つメカニズム」（木村2015）ともいえる。

広瀬（2006）によると、正常性バイアスは、「同化性バイアス」（assimilation bias）と「同調性バイアス」（conformity bias）という2つの下位バイアスによって構成されるという。同化性バイアスとは、「異常を背景の中に埋没させてしまう錯誤」のことである。緩やかな環境変化が生じていても、人間の意識はその変化を適切に認識することが難しい。そのため、災害時に事態が少しずつ悪化していても、人々はその変化に気づかず、結果的に避難等の対応の遅れにつながりかねない。そして、それを意識した時には、変化が突発的かつ劇的に生じたかのように不意打ちを食らい、何をどうしたらよいのかわからない状態に陥るおそれがあるという（広瀬2006）。

さらに、正常性バイアスの背景には、「現状維持バイアス（status quo bias）」も影響していると考えられる。これは、現状の維持か変更かという選択を迫られたとき、変更によって現状を失って後悔することを想像し、その損失や後悔を回避しようと現状維持を選ぶ傾向のことである（Samuelson & Zeckhauser, 1988）。つまり、災害の危機という非常時を知らせる手がかりにふれて、「平常時」という認知フレームとの間に認知的不協和が生じたとしても、避難所に行くことでこれまでの日常生活を変えたくない、現状をそのまま維持・継続したいという意識から、それらを「正常」の範囲内ととらえて落ち着きを取り戻そうとする。その結果、平静を装って避難行動をとろうとせず、また避難しない・できない理由を列挙することで、そのことを正当化しがちである。

避難行動にはその他にも、リスクの存在自体は認めるものの、その影響を

過少に評価させる働きをする「楽観主義バイアス」(optimism bias) など、いくつかのリスク認知バイアスが関わっている。木村 (2015) によると、人間にはこうした「バイアス・メカニズム」(広瀬2006) が備わっているため、リスク情報を無意識のうちに排除・無視したり、もし受容されたとしても様々なバイアスによってゆがめられることで、情報どおりにはリスク認知されないという。

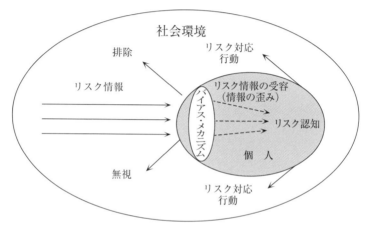

図2　リスク認知とバイアス・メカニズム

出典：広瀬 (2006)

　以上から、災害の危険を知らせる情報や手がかりにふれても、人々はあくまで平常時の認知の枠組み（認知フレーム）にもとづいて、日常的な文脈のなかで認識・解釈するため、現状を維持・継続しようとする意識が優先されることになる。つまり、リスク情報や手がかりに接することで、すぐに「避難するか／しないか」という二択の意思決定をするのではなく、平常時の認知フレームにおいてはあくまで「避難しない」がデフォルト（初期設定）状態になっている。そのため、災害リスクを認知しても、それまでの日常生活はひとまず続けたうえで、認知的不協和による躊躇や迷い、葛藤を感じつつ、判断を何となく保留し、ずるずると先延ばししてしまうのである。

（2）意思決定の保留・先延ばしによる避難の遅れ

　前項のとおり、「避難しない」というデフォルト状態において、災害の危機に瀕した際には、どのような行動がとられるのだろうか。上記のとおり、平常時の認知フレームでは、非常時を知らせる手がかりがあっても、バイアス・メカニズムの影響でリスクを素直に受け入れようとせず、避難が本当に必要な状況なのか確信が持てないことで、判断に戸惑いがちである。Mileti & Sorensen (1990) によれば、そうした状況に置かれた人々は、自身の認識や判断の確信を得ようと追加の情報収集を優先する傾向があり、それらを通じた「状況の再定義」を経て、今が平時なのか緊急時なのかを動的に判断しているという。このように、追加情報の探索・取得を通じて、自らの置かれた不確実な状況を再定義しようとする過程は「ミリング（milling）」と呼ばれる（Wood et al. 2017, 藤本ほか2019）。ミリングの過程を経ることで、状況に関する手がかりを増やしたとしても、危機が差し迫っている最中に情報収集を優先するという行為は、避難の遅れをもたらすおそれもある。片田ら（2005）は、情報取得行動によって早い段階での避難の意思決定や自発的な避難行動が阻害されるという事実から、避難行動に関わる意思決定は、避難情報などの情報に完全に依存しきっており、「避難行動が阻害されるほどの過剰な情報依存体質になっている」（片田ほか 2005）と指摘している。

　また、このように不確実性の高い状況に置かれ、意思決定が困難になるほど、判断の拠り所として、他者の様子や動きといった社会的な手がかりの比重が高まっていく。つまり、近隣住民など他者が避難行動をとるか否かによって、自身の避難行動が大きく影響されるようになり、「同調性バイアス」が強く働くことになる。同調性バイアスとは、「集団の規範に従ってしまう錯誤」であり、集団内の他者から外れた行動を避け、同じ行動をとることで不安を低減しようとする傾向のことをいう（広瀬2006）。既述のとおり、平常時の認知フレームでは積極的な避難行動がとられにくいことをふまえると、避難すべきか否か判断がつかない不安な状況に置かれた人々は、周囲の人たちが逃げていなければ、それに同調することで安心して避難しないという選択をとることになる。この同調性バイアスによる社会的な影響は、他者から一方的に受けるだけでなく、その人の様子やふるまいを見た他者にも影響を

与えることで、相互的・循環的にも波及していく。つまり、避難していない他者を見て、自分も安心して他者に同調すると同時に、それを目にした他者も安心して同調する…という同調性バイアスによる行動の連鎖が生じうるということである。このことは、逆に、率先して早期避難する人がいれば、その避難行動が多くの人たちに連鎖的に広がっていく可能性も示唆している。

　以上をふまえると、災害時に生じがちな「避難しなかった」、「避難が遅れた」という状況は、どこまで主体的かつ明確に判断された結果といえるだろうか。中村（2008）は、非避難者を、自宅が安全として避難しないと決めている「確信的非避難者」、様々な状況を考えて避難しないと決める「情報処理的非避難者」、避難を保留しているうちに逃げ遅れる「保留的非避難者」にタイプ分けしている。「情報処理的避難者」にしても、リスクを知らせる情報・手がかりと平常時認知フレームとの認知的不協和による葛藤状態に置かれ、正常性バイアスや現状維持バイアスといったバイアス・メカニズムの心理作用や、同調バイアスなどの社会的影響のもとで適切な判断を下すことは容易ではない。避難すべきかどうか難しい判断を迫られる躊躇や迷いのなかで、追加の情報収集によるミリングや様子見などを続けるうちに、避難の意思決定や行動はついつい保留・先延ばしされがちである。つまり、「避難しない」というデフォルト状態から、あえて「避難する」という主体的・積極的な判断がなされないまま、様子見や先延ばしといった消極的な態度を続けるうちに、結果的に避難が遅れてしまう…、こうした「保留的非避難者」に該当するケースも少なくないだろう。

２．避難行動がとられるためには

(1) 避難の習慣化・自動化

　前節のとおり、「避難しない」というデフォルト状態から、あえて「避難する」という主体的・積極的な意思決定がなされ、避難行動がとられるためには、どのような要因や条件が必要なのだろうか。

　刻一刻と変化する状況や迫りくるリスクを的確に把握するためには、「正常性バイアス」をはじめとするバイアス・メカニズムの影響から逃れる必要がある。そのためには、バイアスの基盤をなしている「平常時」の認知フレー

ムを打破し、「非常時」の認知フレームへと移行する必要がある。しかし、災害の危機が迫っていても、本当に非常時なのか確信が持てなければ、追加の情報収集や様子見を延々と続けてしまい、平常時の認知フレームから抜け出すことは容易ではない。

　先述の中村（2008）は、避難者の意思決定についても、「習慣的避難者」、「情報処理的避難者」、「自信のない避難者」という3つのタイプを挙げている。このうち「習慣的避難者」とは、ある事象がおきたらすぐに避難するとあらかじめ決めている者であり、避難行動に至るまでの「認知→判断→行動」という過程が、いわば「パッケージ化」（木村2015）されている。つまり、認知と判断の過程が簡略化され、行動が自動化されていることから、避難行動を起こすまでの時間を要せず、またその過程におけるバイアス・メカニズムの影響を回避することが可能となる。こうした「行動のパッケージ化」による避難の習慣化・自動化を実現するうえで、木村（2015）は「普段は経験しない危機的場面について『この状況の時にはこうする』という事前行動計画を作り訓練を通して徹底させる」ことの必要性を説いている。また、藤本ら（2019）は、「災害時の状況理解や適切な行動のための構造化された知識」である「災害スキーマ」に注目する。調査の分析結果から、災害スキーマが「災害時に自分の置かれた状況を敏速に理解し、迅速な対応へとつながるヒューリスティックな思考を促していた」として、ミリングによる状況の再定義を経ずに、防護行動に素早く移行する効果を強調している。

　以上から、避難の習慣化により意思決定過程を簡略化・自動化することで、バイアス・メカニズムの影響を逃れつつ迅速な避難が可能となる。そのためには、災害スキーマの獲得とそれにもとづく事前行動計画や訓練など事前の対応・対策が有効と考えられる。その一方で、「情報処理的避難者」や「自信のない避難者」といった、避難が習慣化されていない人たちについては、どのように考えることができるだろうか。

（2）避難行動のモデル化
　避難者の3タイプのうち、様々な状況を考えて避難すると決める「情報処理的避難者」と、自ら避難の決定をしないまま他に促される形で避難する「自

信のない避難者」は、避難行動が必ずしも習慣化・自動化されておらず、前節で述べたような意思決定のプロセスを経て、結果的に避難行動がとられた人たちである。

中村（2008）は、避難の実態を理解するうえで、「個人の意思決定過程に限定して考えるのでは不十分」であり、「社会的要因も考慮に入れる必要がある」こと、避難の意思決定は「複雑で、段階が飛んだり、行きつ戻りつしたり、そもそも明確な意思決定がなされない」場合もあり、「単線的・連続的な過程を必ずしも前提にはできない」ことを指摘している。そして、「こうした実態に合わせて各要素を取り入れるうえで、単純なバスケット的なモデルも有用」であるとして、図3のような「避難のオーバーフロー・モデル」を提案している。

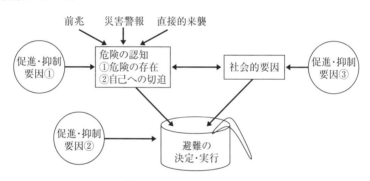

図3　避難のオーバーフロー・モデル

出典：中村（2008）

これは、避難に関係する多様な要因の関係性を整理するために、足し算式のモデルを採用しており、避難の主要因として、「危険の認知」と「社会的要因」を考えている。まず、災害の前兆や直接的来襲、災害情報（警報や避難指示）によって「危険の認知」が喚起されるが、これには「危険の存在」、「自分への切迫」という2段階がある。「危険の存在」とは、大きな危機が起きつつあるという認知で、いわば災害モードに入る「災害スイッチ」が入った状態である。他方の「自分への切迫」とは、災害の危機が自分に迫りつつあるという認知により「個人化（personalization）」が起きることであり、避難に到るには必要な認識だという（中村2008）。上記の避難者タイプのうち「情

報処理的避難者」については、主に「危険の認知」にもとづいて避難行動がとられたものと考えられる。

　しかし、避難行動には必ずしも「危険の認知」が必要であるとは限らず、本人が危険を認知していなかったとしても、「社会的要因」によって結果的に避難行動がとられることもある。例えば、災害リスクを感じていなくとも家族の説得や消防団の呼びかけに従う「社会的働きかけ」による避難、行政や警察の指示や内面化された社会規範から避難すべきと考える「規範意識」による避難、地域の人に迷惑をかけないためという「社会的妥協」による避難、自治会の役員なので仕方なくといった「社会的役割」による避難、諸理由により家を離れたが警官などに帰宅を阻まれる「不履行」による避難（中村2008, 2021）などが挙げられる。「自信のない避難者」については、自ら「危機の認知」にもとづいて避難の判断や決定が行われず、上記のような「社会的要因」の影響のもと避難が行われるケースが多いと推察される。

　こうして、「危険の認知」と「社会的要因」のレベルが高まり、全体として十分な水準に達することで「避難」が決定・実行される。いわば、「危険の認知」と「社会的要因」から避難のバケツに水が注がれ、あふれれば避難行動が行われるというモデルである。その際、「危険の認知」と「社会的要因」はそれぞれ単独でも避難行動につながりうるが、相互に影響しあう相関的な関係もあるという（中村2021）。つまり、「危機の認知」にもとづく当人の情報処理だけでも、「社会的要因」からの影響だけでも、両者の相互影響のもとでの組み合わせや合算によっても、避難は実行されうるのである。

　また、判断の迅速さはバケツの容量やその質によって表現されると解釈すれば、「習慣的避難者」をこのモデルに取り込むことも可能だろう。つまり、災害スキーマや行動計画・訓練といった事前の対応・対策が「適度な容量のバケツを用意する」とともに、「バイアス・メカニズムを回避できる＝バケツからの水漏れを防ぐ」ことにもつながり、危険の認知からの迅速な避難が習慣的に実行されると考えられる。

　以上から、このモデルのポイントとしては、①避難の主要因を「危険の認知」と「社会的要因」の２つに整理したこと、②危険の認知を、災害の危機を認知し「災害スイッチ」が入る段階と、危機を自分事と認識する「個人化」

の二段階でとらえること、③主要因のどちらか一方だけでも両方の合算でも一定水準を超えれば、平常状態が破られ避難が実行されるとする「閾値」モデルの発想という3点が挙げられる。すなわち、「避難するか／しないか」の選択というより、「避難しない」というデフォルト状態から、あえて「避難する」という主体的・積極的な意思決定がいかになされるかを幅広く説明する、示唆的かつ有用なモデルといえるだろう。

3．被災者調査から

　これまでの文献からの知見をふまえて、実際に災害を経験した人たちを対象に、避難行動に関する量的なアンケート調査を実施している。この調査結果から、災害時に人々はなぜ避難しないのか、またいかなる理由やきっかけがあれば避難するのか、避難に関する意識や実態について掘り下げていく。

　本調査は、調査会社のモニター男女20歳以上を対象に、2023年7〜8月にかけて実施された。回収数は1,620名（男性878名，女性742名）、このうち本稿の分析では風水害と土砂災害の被災経験者のみを対象としたことから、分析対象者数は551名である。以下では、「避難しなかった理由」と「避難した理由」を中心に、被災時の「避難意図」（被災時に避難しようと思ったか）と「避難行動」（実際に避難したか）との関わりについても分析する。

(1)「避難しなかった理由」・「避難した理由」

　まずは、「避難しなかった理由」と「避難した理由」について、単純集計結果を確認しておこう。「避難しなかった（できなかった）理由」(28項目)、「避難した理由」(17項目)について、いずれも被災時にどれくらい影響を受けたかを5件法で評価してもらい、「大いに影響を受けた」（5段階中5）と「かなり影響を受けた」（同4）を合算した割合が高い順に並べ替えた。その集計結果（上位項目）として、図4は「避難しなかった理由」を、図5は「避難した理由」を示したものである。

　両者を見比べてみると、影響が大きかったとして選ばれた項目が「避難しなかった理由」で多く、50〜60％ほどが7項目、35〜40％ほどが9項目だったのに対し、「避難した理由」では30％ほどが3項目で、残りは30％未満と

いう結果であった。つまり、影響の大きい「避難しない理由」は数多くある一方で、「避難する理由」は総じて影響が小さく、多くの人に共有される決定的な要因はないことから、避難が行われにくいという実態が垣間見える結果となった。

つづいて、図4の「避難しなかった理由」に注目すると、「避難せずに済ませたい」、「様子見でも大丈夫」という現状維持バイアスや、「自宅の方が安全」、「被害を受けると思わない」、「身の危険を感じない」という正常性バイアス、そして「近隣者等が避難していない」という同調性バイアスに関わる項目が上位に来ていることがわかる。また、避難に関わる判断の難しさや、避難を負担に感じる意識もうかがえる。なお、過去の被災経験は、「避難しなかった理由」としては過半数が挙げていた一方で、「避難した理由」では2割ほどと、避難しない方向への影響が目立つ結果となった。

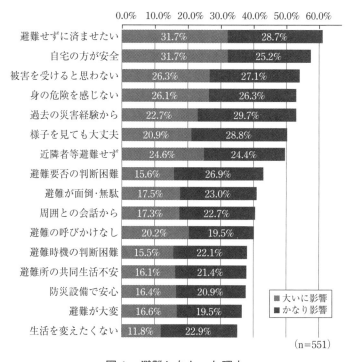

図4　避難しなかった理由

図5の「避難した理由」としては、「避難すべき」という規範意識が30%を超えて最も多く、次いで「身の危険の感知」、「自宅周辺での被害の予期」、「自然環境の異変発生の伝聞」など「危機の認知」に関わる項目が25～30%ほどと続いた。さらに、「避難しないと周囲に迷惑をかける」、「近所の人が避難していた」などが20%台前半となっており、「社会的要因」の影響も確認された。しかし、いずれの要因も項目単体での影響力は決して大きくないことから、「危機の認知」と「社会的要因」に含まれる複数の要因の合算が閾値を超えることで避難行動が生じるという「オーバーフロー・モデル」を支持する結果とも言えるだろう。なお、避難が習慣化している「習慣的避難者」は、2割弱と低い水準であった。

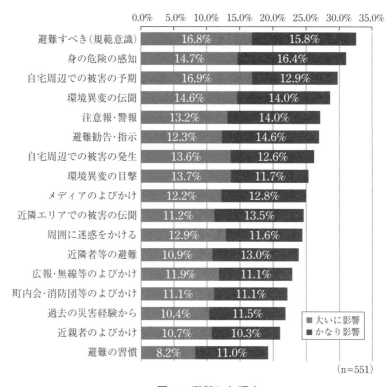

図5　避難した理由

（2）避難行動の背景要因

次に、「避難しなかった理由」、「避難した理由」それぞれについて、多くの項目の背後にある構成概念因子を探ることを目的に、因子分析（最尤法、プロマックス回転）を行った。

その結果、「避難しなかった理由」については5つの因子が抽出され、以下のとおり名づけられた。

　Ⅰ：避難に伴う不安・心配による現状維持志向（α=.953）
　Ⅱ：避難の難しさ（気象など環境，安全性，避難方法，家族等）（α=.934）
　Ⅲ：情報や社会的働きかけの不足・欠如（α=.928）
　Ⅳ：避難判断の難しさと避難回避志向（α=.926）
　Ⅴ：正常性バイアスによる危機意識の欠如（α=.871）

「避難しない・できない」多くの理由の背景には、上記の5つの因子が存在するという結果が得られた。そして、第1因子からは、現状維持志向の背景に避難や避難後の生活に対する不安や心配が関わっていること、第4因子からは、避難をできるだけ避けたいという意識が避難の判断を遅らせたり難しいものにしていることが示唆された。第2因子の「避難の難しさ」という環境的・状況的要因は、第4因子に含まれる「避難判断の難しさ」という認知要因とは別の因子であることが明確に示される結果となった。既述した「正常性バイアス」に関わる内容も、一つの因子として抽出されていた。

つづいて「避難した理由」については、抽出された4つの因子について、以下のとおり命名された。

　Ⅰ：災害リスクの認知（予知・感知）（α=.976）
　Ⅱ：社会的影響（近親者・近隣者等）（α=.963）
　Ⅲ：メディア・公的機関による情報・呼びかけ（警報・避難指示）（α=.972）
　Ⅳ：個人的要因（経験・習慣・生活状況）（α=.936）

第1因子と第2因子に注目すると、中村（2008）のオーバーフロー・モデルにおける避難の主要因である、「危険の認知」と「社会的要因」に対応するものであることがわかる。メディア・公的機関による警報や避難指示といった情報とその呼びかけも、避難を促す一因子をなしていた。こうした多くの人に共通する内容以外に、個人の持つ経験や習慣、生活状況といった「個

人的要因」は、第4因子としてまとめられる結果となった。

(3) 避難の意思決定・行動との関わり

「避難する／しない」という意思決定や行動には、どのような項目（理由）が大きく影響しているのだろうか。分析の最後に、「避難しなかった理由」、「避難した理由」を説明変数、「避難の意図・行動」（避難の意図・行動ともなし／避難の意図あり行動なし／避難の意図・行動ともあり）を目的変数とする順序ロジスティック回帰分析を行った。

まず「避難しなかった理由」について、影響の大きい順に列挙すると、「避難せずに済ませたい」($.732^{**}$)、「生活を変えたくない」($.737^{**}$)、「近隣者等が避難していない」($.808^{*}$)、「自宅の方が安全」($.829^{*}$)、「防災が設備されており心配ない」($.869^{*}$) という結果であった（カッコ内はオッズ比，$^{**}p<.01$，$^{*}p<.05$）。ここでも、「避難せずに済ませたい」、「生活を変えたくない」という現状維持バイアス、「近隣者等が避難していない」という同調性バイアス、「自宅の方が安全」、「防災が設備されており心配ない」という正常性バイアスの影響の大きさが確認できる。

「避難した理由」については、上記の因子分析の因子に注目するとわかりやすいため、そちらの結果を示すと、「災害リスクの認知」(2.406^{**})、「社会的影響」(1.957^{**}) の順に影響が大きかった（カッコ内はオッズ比，$^{**}p<.01$）。一方で、「メディア・公的機関による情報・呼びかけ」と「個人的要因」については、避難の意思決定や行動への明確な影響が確認されなかった。こちらも、中村 (2008) の避難モデルの主要因である、「危険の認知」と「社会的要因」の影響の大きさを示しており、「オーバーフロー・モデル」の有効性が支持される結果となった。

4. まとめ

本稿では、災害時の避難に関する意思決定をテーマに、人間の認知的・心理的特性や社会的要因などの影響をふまえたうえで、そもそも避難行動がとられにくい理由や、避難行動がとられるための要因・要件、それらのパターンやメカニズムについて考察してきた。

災害の危機に面しても、平常時の認知フレームにもとづいて状況を認識・解釈するかぎり、現状の維持・継続が優先され、「避難しない」がデフォルトとなっている。そして、認知的不協和による葛藤のなか、正常性バイアスや同化性バイアス、現状維持バイアスなどバイアス・メカニズムの心理作用や、同調性バイアスという社会的影響を受けることで、適切な意思決定は困難になっていく。その躊躇や迷いのなか、追加の情報収集によるミリングや様子見などを続けるうちに、避難行動は保留・先延ばしされることになる。

　このように避難行動がとられにくい状況のなかで、「避難する」という主体的・積極的な意思決定がなされるためには、「平常時」認知フレームを打破し、バイアス・メカニズムの影響から逃れる必要がある。そのうえで、避難の習慣化による意思決定過程の簡略化・自動化が有効であった。他方で、避難の意思決定を考えるにあたっては、「オーバーフロー・モデル」が有用であり、①避難の主要因を「危険の認知」と「社会的要因」の２つに整理、②「危険の認知」を、危機を認知し「災害スイッチ」が入る段階と、それを自分事と認識する「個人化」の二段階でとらえる、③主要因のどちらか一方だけでも両方の合算でも一定水準を超えると避難が実行される、という特徴があった。

　さらに、こうした知見について、被災経験者を対象とした調査結果から掘り下げたところ、避難が行われにくいという実態や、正常性バイアスや現状維持バイアス、同調性バイアスなどのバイアス・メカニズムの影響の大きさ、そして「オーバーフロー・モデル」の有効性がうかがえた。

　今回は、中村（2008）の「オーバーフロー・モデル」を紹介したが、避難行動に関するモデルはこれにとどまらない。世界に目を転ずれば、「計画的行動理論」（Ajzen, 1988, 1991）や「防護動機理論」（Rogers, 1975, 1983）、「防護行動決定モデル」（Lindell & Perry, 2012）などが避難行動に活用されてきた。

　「計画的行動理論」は、行動に影響を与える最も重要な心理過程として「行動意図」を位置づけており、この「行動意図」は「行動への態度」、「主観的規範」、そして「行動コントロール感」によって規定されている。用いられる概念として、周りの重要な人がその行動を望ましいと考えているかに関す

る信念である「主観的規範」と、自分がその行動をコントロールできるという「行動コントロール感」に特徴がある。

「防護動機理論」では、「脅威の評価」と「対処の評価」という二つの認知的評価から「防護動機」が決定されると考える。「脅威の評価」と並列して「対処の評価」を位置づけるところに特徴があり、対処行動はその「有効性」と「自己効力」（自分でできるか）から「反応コスト」を差し引くことで評価される。

「防護行動決定モデル」は、従来の災害研究の成果をもとに構築されたモデルであり、環境的・社会的な文脈からインプットされる「環境的・社会的手がかり・情報」、それが作動させる「心理的過程」、さらにそれが引き起こす「行動反応」という3段階の連続的な意思決定プロセスを想定している。「行動反応」として、「防衛反応」、「感情的対処」とともに「情報探索」が考えられており、「環境的・社会的手がかり・情報」にフィードバックする点が特徴的である。

さらに、これらの理論・モデルから派生した、新たなモデルも作られている。国内だけでも、「計画的行動理論」をもとにした宇田川ら（2017）のモデル、「計画行動理論」と「オーバーフロー・モデル」を基本とした横田（2015）の「災害に係る避難の行動意図モデル」、「防護動機理論」に基づく柿本ら（2016）による「減災行動モデル」、さらには前段の3つの理論・モデルを総合的に組み合わせた藤本ら（2019）の「防護意思決定モデル」などが挙げられる。

本稿の最後に、筆者が作成した「災害防護の意思決定モデル」を紹介し、概要について簡潔に説明しておく。本モデルは、中村（2008）のオーバーフロー・モデルをもとに、「計画的行動理論」、「防護動機理論」、「防護行動決定モデル」の諸要因を組み込んだものである。「認知・評価」→「行動意図」→「行動（避難など防護行動）」という連続的なプロセスが、モデルの中心的な骨組みを構成しており、「認知・評価」のパートは、「リスク評価」と「社会関連評価」からなる。中村（2008）同様、「リスクの知覚・評価」と「社会的要因の認知・評価」の2つを意思決定の主要因と考えており、いずれかもしくは両者の総量が閾値を超えると、「行動意図（防護動機）」の意思決定がなされるという「オーバーフロー・モデル」を採用している。第三の要因

として、避難等の対処行動を評価する「手段評価」を置き、オーバーフローによって生じた防護の意思決定を規定し、行動意図を手段の面で裏づける役割が想定される。以上がモデルの骨格をなす中心的な要因であり、それ以外の諸要因は意思決定に側面的な影響を及ぼすものと位置づけている。

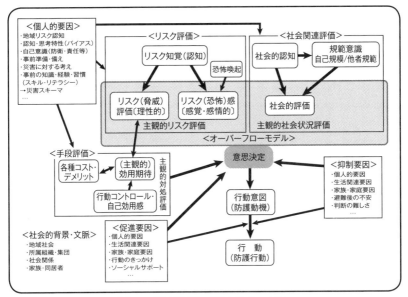

図6　災害防護の意思決定モデル

出典：内田（2024）を一部改変

本稿では紙幅の関係もあり、モデルの素案提示と概説に留めるが、今後に向けてモデルの洗練化と調査データ等による検証・再検討が求められてくる。

このように、避難行動をモデル化し、個人や社会の実態に柔軟に対応できれば、避難行動のメカニズムのより的確な理解とともに、人々の避難行動の予測も可能となる。さらに、情報・メディアや社会的な要因の影響・効果を的確にとらえることで、より適切な介入（情報提供，社会的働きかけ等）のあり方について示唆を得ることも期待できるだろう。

〔引用・参考文献〕

Ajzen, I. (1988) *Attitudes, Personality and Behavior*, Milton Keynes, UK: Open University Press.

――(1991). The theory of planned behavior, *Organizational Behavior & Human Decision Processes*, 50, 179-211.

Fishbein, M., & Ajzen, I. (2010) *Predicting and Changing Behavior. The Reasoned Action Approach*, Taylor & Francis.

Lindell, M. K. & R. W. Perry (2012) The Protective Action Decision Model: Theoretical modifications and additional evidence, *Risk Analysis*, 32 (4), 616-32.

Mileti, D.S., & Sorensen, J.H. (1990) Communication of Emergency Public Warnings: A Social Science Perspective and State-of-the-Art Assessment.

Rogers, R. W. (1975) A Protection Motivation Theory of Fear Appeals and Attitude Change1. *The Journal of Psychology*, 91 (1), 93-114.

――(1983) Cognitive and Physiological Processes in Fear Appeals and Attitude Change: A Revised Theory of Protection Motivation, Cacioppo, J. and Petty, R., Eds., *Social Psychophysiology*, Guilford Press, 153-177.

Samuelson, W. & Zeckhauser, R. (1988) Status quo bias in decision making. *J Risk Uncertainty* 1, 7-59.

Wood, M. M., Mileti, D. S., Bean, H., Liu, B. F., Sutton, J., & Madden, S. (2018) Milling and Public Warnings. *Environment and Behavior*, 50 (5), 535-566.

宇田川真之・三船恒裕・磯打千雅子・黄欣悦・定池祐季・田中淳 (2017)「平常時の避難行動意図の規定要因について」『災害情報』15 (1), 53-62.

宇田川真之・三船恒裕・定池祐季・磯打千雅子・黄欣悦・田中淳 (2019)「平常時の避難行動意図に関する汎用的な調査フレーム構築の試み」『災害情報』17 (1), 21-30.

内田康人 (2024)「災害時の避難行動・意思決定と社会的・情報的要因の影響」第97回日本社会学会大会報告資料.

柿本竜治・金華永・吉田護・藤見俊夫 (2014)「予防的避難の阻害要因と促進要因に関する分析―防護動機理論に基づいた予防的避難に関する意識構造分析―」『都市計画論文集』49巻3号, 321-326.

柿本竜治・上野靖晃・吉田護 (2016)「防護動機理論に基づく自然災害リスク認知のパ

ラドックスの検証」『土木学会論文集D3（土木計画学）』Vol.72 (No.5), 51-63.

柿本竜治・吉田護 (2022)「状況認識を考慮した令和2年7月豪雨時の避難行動意思決定モデルの推定」『土木学会論文集D3（土木計画学）』Vol.78 (No.2), 45-57.

片田敏孝・児玉真・桑沢敬行・越村俊一 (2005)「住民の避難行動にみる津波防災の現状と課題―2003年宮城県沖の地震・気仙沼市民意識調査から―」『土木学会論文集』No.789 (H-71), 93-104.

木村玲欧 (2015)『災害・防災の心理学』北樹出版.

関谷直也・田中淳 (2016)「避難の意思決定構造：日本海沿岸住民に対する津波意識調査より」『自然災害科学』35, 91-103.

田中皓介・梅本通孝・糸井川栄一 (2016)「既往研究成果の系統的レビューに基づく大雨災害時の住民避難の阻害要因の体系的整理」『地域安全学会論文集』29, 185-195.

田中皓介・梅本通孝・糸井川栄一 (2018)「河川氾濫水害に際した住民の避難意思決定要因の構造分析」『地域安全学会論文集』33, 187-197.

内閣府 (2022)『令和4年版 防災白書』.

―― (2023)『令和5年版 防災白書』.

中村功 (2008)「避難の理論」吉井博明・田中淳編『災害危機管理論入門』弘文堂, 153-163.

―― (2021)『災害情報と避難 その理論と実際』晃洋書房.

広瀬弘忠 (2006)『無防備な日本人』筑摩書房.

藤本慎也・川見文紀・亀井敏和・徳永健介・三谷泰浩・立木茂雄 (2019)「土砂災害時における避難行動を規定する要因に関する確認的研究―土砂災害時の避難促進検討に関する大分県社会調査データへの構造方程式モデリングの適用―」『地域安全学会梗概集』44, 31-34.

三上俊二 (1982)「災害警報の社会過程」東京大学新聞研究所編『災害と人間行動』東京大学出版会, 73-107.

横田崇 (2015)「避難の行動意図モデル」日本災害情報学会17回研究発表大会予稿集, D4-4.

第8章 「コミュニティの再生」の意味
――「プロセスとしてのコミュニティ」と現象学的社会学の視点から――

廣重　剛史

はじめに――コミュニティ再生の可能性を問う

　現在、日本では「コミュニティの再生」や「新しいコミュニティの創造」などが強く求められている。たとえば、総務省の「地域コミュニティに関する研究会報告書」（2022）では、コロナ禍で深刻化した地域社会の現状について、以下のように述べられている。

> 防災や高齢者・子どもの見守り、居場所づくりなど、地域として対応すべきニーズが変化、複雑化する中において、（中略）自治会等のみで十分な対応を行うことが難しくなってきていることから、自治会等の担い手確保や負担軽減に努めつつ、NPOや企業、学校等を含め、多様な地域コミュニティの各主体がそれぞれの強みを活かし、弱みを補い合うことが、これまで以上に求められている（総務省：2）。

　筆者もこの点に関し、かつて「コミュニティ再生のための理論と実践」と題した小論を執筆した（廣重2020）。その論文中では、コミュニティを「相互扶助的なつながり」と捉え、その類型として「地縁型コミュニティ」と「テーマ型コミュニティ」の区別を紹介し、両者にまたがるキーパーソンの重要性を指摘した。また、それ以外のコミュニティ再生の条件についても、「グループとしての活動目標」「新規参加者と活動資金の調達」「メンバー相互の対等な関係と役割分担」「連帯意識の醸成」という四つの観点を提示した。
　しかしながら、前稿では「コミュニティを意図的に再生したり創造したりすることが、そもそも可能なのか？」という、より根本的な問題に関する考察が欠けていた。したがって、本稿ではまず、同様の問いを提起している、

宮垣元のコミュニティ論について概観する（宮垣2016）。そしてまた、宮垣と近いコミュニティ観を持ちながら、宮垣とは異なるコミュニティの役割に着目している吉原直樹のコミュニティ論も検討する（吉原2011,2019）。この二人のコミュニティ論を検討することにより、コミュニティの基礎にある「生きられる共同性」（吉原2011：354）への視座を明確にする。

　また、前稿ではコミュニティを外観的に把握し、その社会的役割や機能に焦点を置いた考察に偏っていた。しかし、「コミュニティの再生」と一般的に言われるが、再生しようとしているコミュニティとはどのようなものかが、必ずしも明確でない。そのため、本稿後半では、上述した「生きられる共同性」を構成する、人びとの「コミュニティ」に関する意識や経験を現象学的社会学の観点から検討する。そして、その立場から見て今日求められている「コミュニティの再生」の意味について考察する。以上の作業を通じて、実際の現場における実践的な取り組みへのヒントを見出すことが、本論文の目的である。

1．コミュニティ観の変容と「プロセスとしてのコミュニティ」

　「コミュニティの意図的な再生は可能か」という問題に関しては、宮垣（2016）の「社会学からみるコミュニティ論」の議論がとくに参考になる。この論文のなかで宮垣は、テンニエスやマッキーヴァーなどに共通する「社会において基礎的で自生的なもの」（宮垣2016：42）という伝統的なコミュニティ観をふまえて、以下のように述べている。

> コミュニティ論の古典や日本のコミュニティ政策の流れからみえることは、本来的に自生的なものであるとされた「コミュニティ」をどのように人為的に作っていけるか、あるいは人々の自発性をどう意図的に引き出せるかという一見矛盾するような難題であろう（宮垣2016：49）

　宮垣はこのように述べた後、コミュニティ観自体が、人間関係の希薄化や情報化にともなって、従来の地域的・閉鎖的なものから、テーマ的・開放的なものへと変化したことを指摘している（宮垣2016：49）。そのため宮垣は、

コミュニティの基礎を「コミュニケーション」と位置づけ、コミュニティを「静的な場というよりも、むしろ絶えずコミュニケーションが行き交う動的なプロセス」(宮垣2016：51)と把握しなおした。

たしかに、このような「プロセスとしてのコミュニティ」観は、現代のコミュニティを考える際に有効な視角を提供する。たとえば今日では、インターネットの発達によりオンラインコミュニティも広がっている。そうした現状もふまえたうえで宮垣は、「それ（コミュニティ）が生まれ維持されるプロセスで、細かな課題やニーズやそれらの変化をみずから発見し、それを成員が『私たちの課題』として共有し、効率性や公平性よりも身近な共感に基づいて柔軟かつ自生的に対応する」(宮垣2016：52、括弧内引用者補)ことに期待を寄せる。そして、「コミュニティを再生するということは、ある地理的空間や状態を作ることではなく、こうした不断のプロセスをしくみとしてどう生み出すかということ」(宮垣2016：52)だと論文を結んでいる。

このような宮垣の視点に基づけば、本稿冒頭で掲げた「コミュニティの意図的な再生は可能か？」という問いは、成員間のコミュニケーションを醸成するしくみの問題と変換される。この点に関して宮垣は、「コミュニティとは目的的な関係ではなく、いわば関係そのものが目的のようなもの」であるため、「特定の財・サービスの供給を目的としてコミュニティを作るという発想には本質的な困難が伴う」と述べている(宮垣2016:52)。たとえばそれは、防災を一義的な目的とした民間有志のコミュニティを、地域や学校内に意図的に作ることの困難さを想像すれば明らかであろう。したがって、宮垣は、目的合理的なコミュニティの形成ではなく、成員間の日常的なコミュニケーションによる「結果としての課題発見とその対応」という機能と契機を重視している（宮垣2016：52）。

2. コミュニティの創発性と「生きられる共同性」

以上、宮垣の論文において「意図的なコミュニティ再生は可能か」という問いに対する答えは、「特定の財やサービスの供給を目的としたコミュニティづくり」に関しては否定的であった[1]。そして、宮垣においては、日常生活における「課題の共有」や「身近な共感」を産み出す「日常的に相互に

関わりつづけること」(宮垣2016:52) が、コミュニティの基盤として重要だと考えられていた。

さて、この「日常的な相互の関わり」に関して、宮垣と同じく「プロセスとしてのコミュニティ」という視点を持つ吉原は、「生きられる共同性」という概念を提示している（吉原2011, 2019など）。したがって以下では、吉原のコミュニティ論を概観しながら、宮垣と吉原の両者に通底する視点を明らかにする。

ただし、あらかじめ述べれば両者の間にはもちろん違いも存在する。宮垣はすでに見たように、コミュニティの事後的な課題発見とその対応という機能面に注目した。これに対して吉原は、異質な他者とのやりとりのなかで生まれてくるコミュニティの「創発性」という構造の変化に着目している。この創発性を、吉原は以下のように説明している。

> つまり、「創発的なもの」とは、諸主体間の交流としてある相互作用が新たな変化をもたらし、そうした変化が累積されることで人びとのつながりとか関係が変わり、システム自体の構造が変わっていくプロセスに主軸が置かれているのである（吉原2011：159-160）。

このように吉原もまた、コミュニティを「プロセス」として把握するが、そこでは諸主体間のコミュニケーションの連鎖が新しい構造を産み出す点が強調されている。そして、吉原は、その創発性をもたらすものが、異質な他者との「節合（articulation）」、すなわち「地域を構成する諸アクター間のステイク（利害）の違いを認識した上で、せめぎあいつつ交渉するといった動的関係をめぐって生起する、脱統合的で非強制的な集合的実践」（吉原2011：23）だと指摘している。その事例を吉原は、東日本大震災後、会津若松市に立地していた大熊町仮設住宅の自治会から生まれた、外部のボランティアを受け入れたサロン活動の展開に見た（吉原2016：133）。

この「異質な他者との接合による創発的なコミュニティ」を生成する場の特徴が、吉原のいう「生きられる共同性」である。吉原はその共同性を、人間の相互主観的な時間空間の経験様式として捉えている（吉原2011：354-

358)。たとえば時間に関しては、「過去→現在→未来」と直線的に進む、客観的で同質的な時間観に対して、私たちが絶えず現在との関係において過去や未来を呼び起こしているような、「身体と結びついた『拡がりのある時間』」（吉原2011：355）だと指摘している。また、空間に関しては、地理的範囲に限定されない、端的に「人と人との関係」として捉えられるもの、つまりある特定の他者と人格的なレベルでつながっているかどうかが判断基準となるような「関係性にもとづく空間」（吉原2019：59）だという。

　このように、吉原は自身の言う「創発的なコミュニティ」の基盤に、私たちが互いに主観として交わるなかで育まれる「生きられる共同性」という時間空間経験の特徴を指摘している。これはまた、宮垣がコミュニティの要件として指摘していた「課題の共有」や「身近な共感」を産み出す「日常的な相互の関わり」の特徴に他ならない。したがって、コミュニティをコミュニケーションのプロセスとして解釈する際、それが文字通りコミュニティとなるためには、コミュニケーションの実質性を担保するための共通の基盤が不可欠だといえる。そして、吉原が「生きられる共同性」の時間的側面を説明する際にフッサールの「内的時間意識」を参照しているように（吉原2011：356, 吉原2019：58など）、このコミュニティの根底にある「生きられる共同性」は、現象学な観点から明らかにされる私たちの相互主観的な経験のあり方のひとつだといえよう。したがって、以下では私たちのコミュニティ経験の意味を、現象学的社会学の立場から考察する。

3．コミュニティ感情の成立について

　前節で指摘したように、コミュニティがコミュニティであるためには、それがただ表面的なコミュニケーションの継続であるだけではなく、そのコミュニケーションに参加している成員間での「生きられる共同性」が必要である。その共同性の要素のひとつとして、共属感情や共通の関心を分有しているという感情が挙げられる。以下ではこれらの感情を、マッキーヴァーの用いた「コミュニティ感情（community sentiment）」（MacIver1937：151-152）という概念で総称する。この点に関して現象学的社会学を展開したシュッツは、「平等と社会的世界の意味構造」（1957年）という論文のなかで、テンニ

エスやマッキーヴァーのようなコミュニティの社会学的探求ではなく、そうしたコミュニティ感情を産み出す、集団と成員の関係についての考察をおこなっている。

> われわれはこうした探求方向（社会学的概念の精緻化の方向、引用者補）を追っていくつもりはない。というのは、それらの探求方向の重要性を疑っているからではなく、それが出発するまさにその「共属」の感情と「共通関心の分有」の感情が、（社会科学の概念とは区別されたものとしての）常識的思考の観点から分析される必要があるからである（Schutz1964=1991：336）。

シュッツはこのように述べ、まず上述したコミュニティ感情を、集団の成員であることの「主観的意味」として捉える。そして、その意味は、集団の成員に共通する状況や、集団独自の世界の「類型化」や、集団が関心を持っている主題との「関連性」の体系についての、成員の「知識」から成り立っているという（Schutz1964=1991：336）。

たとえばそれは、ある地域コミュニティが、自分たちの外の世界（隣接する地域や市町村）を、独自の認識類型（「われわれの地域／彼らの地域」「治安が良い／悪い」、「生活に便利／不便」など）や、その主題に関連する意味の拡がりのなかで解釈する（「あの地域は治安や交通の便が悪い」など）ことを指している。そして、集団の成員はこうした「相対的に自然な世界観」のもとで「くつろぎ」を感じており、そのような共通の環境のなかで自分の相対的位置（「住みやすい地域のなかで子育てをしている自分と家族」など）を見出している。これらがコミュニティ感情、すなわち共属感情（同じ地域で一緒に子育てをしている仲間意識など）や、共通関心（地域の防犯や防災など）の分有という感情＝主観的意味を産み出す背景にあると、シュッツは考えている（Schutz1964=1991：336）。

シュッツはまた、自分の友人や配偶者、職業や国籍、宗教など、自分が自ら選択することのできる自発的集団に関しては、その集団の「類型化や関連性、役割、位置、地位の体系」を、成員たちが「相互的状況を共通に定義づ

けていく」ことによって生み出していく必要があるという（Schutz1964=1991：335-336）。このことをコミュニティ論に応用すると、シュッツの立場から見てコミュニティの形成には、コミュニティ感情を産み出すために、成員になりうるメンバー間で、自分たちの環境の類型化や関心事との関連性、メンバー間の役割、位置、地位などを、コミュニケーションのなかで定義づけていく必要があるといえよう。

　ところでシュッツは、以上のような集団論に関して、「われわれの記述は純粋に形式的なものであって、集団を成り立たせている紐帯の性質についても、あるいはまた社会的接触の程度、持続性、親密性についても言及していない」（Schutz1964=1991：337）と指摘している。それは逆にいえば、シュッツにおいてはそのような「紐帯の性質」などによって、現実的な集団のあり方が多様にありうることを示唆している。この集団の分類という論点については次節で扱う。

　しかしシュッツはまた、そのような集団類型の違いに関わらず、どのような集団も「それがその一構成要素であるより大きな集団と関わっている」（Schutz1964=1991：337）ことも指摘している。そして、小さな集団の活動は、それを包摂するより大きな集団の「文化的背景という一般的枠組」に依拠してなされるとともに、成員はその枠組を、制度化を通じて経験すると述べている（Schutz1964=1991：337）。この指摘は、自分たちのコミュニティを取り巻くより大きな外部環境からの影響のあり方を提示している重要な指摘だと考えられる。

　以上、本項で取り上げたシュッツの論文には、現代コミュニティ論においても注目すべき指摘が複数ある。もちろん、本項で取り上げたのはシュッツの現象学的社会学の議論のごく一部であるため、コミュニティ論に対する貢献はそれ以外の視点でもありうるであろう。それは、シュッツの理論全体の基本的な視座が、コミュニティをその一部に含む「社会的世界の意味構成」にあることからも当然である。しかしながら、本稿では以下、シュッツの視座からは十分に明らかにされていない、コミュニティの形成過程や類型に関連する現象学的な観点を検討する。

4. 蔵内数太の現象学的社会学

(1) 地域コミュニティについて

　前節で見たように、シュッツの現象学的社会学の立場からは、コミュニティに不可欠な「コミュニティ感情」を醸成するための、集団成員間で定義し共有される知識の重要性が指摘された。しかしながら、他方でシュッツは、前節冒頭で指摘したように、コミュニティの社会学的探求には関心を示さない。たとえば、シュッツにおける社会関係の分類は、前掲の論文で扱われた「内集団（当人が成員として所属している集団）」と「外集団（当人が成員として所属していない外部の集団）」の区別か、彼が多くの論文で取り上げている「共在者」「同時代者」「先行者」「後続者」という時間性を基準とする分類などに限られている。

　しかしながら、本稿の「コミュニティの再生」という主題から考えたとき、上記のようなシュッツの考察とは異なった社会関係の分析的視座が必要である。そして、その考察は、「生きられる共同性」の具体的な相を明らかにするような、現象学的な立場に立脚した考察である必要があるだろう。その条件に合致する研究のひとつに、「日本で最初の体系的な現象学的社会学の本」（富永：381）とも呼ばれた蔵内数太の『社会学（増補版）』（1966年）が挙げられる。したがって、以下ではこの蔵内(1966)のコミュニティに関する記述を、本稿の課題ととくに関連する点を取り上げて整理・検討する[2]。

　ただし、あらかじめ述べれば蔵内のいうコミュニティは、地域コミュニティと同義である。そのため、今日のオンラインコミュニティにも適用可能な、「プロセスとしてのコミュニティ」観とは異なる（そのため、以下では分かりやすさを考え、蔵内のコミュニティ概念を「地域コミュニティ」と表記する）。その点で蔵内の議論は、それをそのまま現代に適用するというよりも、その本質類型を基準として現代社会の理解に応用することが求められよう。

　さて、蔵内は地域コミュニティについて、それは「人々の居住生活そのことによって内容づけられている社会」であり、「両性とあらゆる年令を含む人間集合態であり、したがってあらゆる生活面が投入されている社会」（蔵内1966:235）だと定義している。そして、その最小単位は家を基礎とする「近

隣」であり、そこでは家族が異なる社交圏や集団に属すことで「諸種の協力関係が重層」する範囲となっているという（蔵内1966：242）。また、地域コミュニティはこの「近隣」を第一次のコミュニティとしながら、さらにその接触や協力範囲を広げた第二次、第三次のコミュニティが段階的に形成され、その範囲を決定する因子としては、年齢や性、職業や消費生活、交通手段や行政的単位、自然地理的要因などを挙げている（蔵内1966：242-243）。

　そのなかでも蔵内は、段階的な広がりをもつ地域コミュニティの成立には、「中心的な意義をもつ地域的協力、共同の圏」（蔵内1966：243）が必要だと指摘している。その事例として、蔵内は農村社会の水利機構を挙げているが、他にも小学校区や商店街、神社を中心とする祭りの範囲などがあげられよう。この点に関しては、今日、広井（2009）もまた「コミュニティの中心」という視点からコミュニティと空間との関係を考察しており、実際のコミュニティの範囲を把握するうえで重要な指摘だといえる。

　たしかに、このような蔵内の地域コミュニティの把握は、人間関係が希薄化しているとはいえ、今日でも多くの地域でいまだ確認することができる。しかしながら、現代社会の特徴は、むしろライフスタイルが多様化するなかで、地域の社会生活が大きな変容にさらされていることである。たとえば蔵内（1966）の時代とは異なり、核家族化により高齢者との共同生活は減少し、単独世帯も増加している。また、夫婦は共働きが増加し、子どもの教育や遊びの場も大きく変化している。そのため、蔵内の社会学において注目すべきは、このように直接的にコミュニティに言及した箇所だけではなく、より本質的な人間のつながり（蔵内は「結合」と表現する）の類型である。

（2）面識関係と二人結合
　蔵内は、地域コミュニティを「全体社会の基礎」と捉え、全体社会を「多くの集団や、さまざまな人間関係が複合している広域の地域的社会であるだけではなく、人間のあらゆる生活の面に対応する社会分化が出揃っている社会」だと定義した（蔵内1966：240）。ここで、引用後半の「生活の自足性」に関する部分は、全体社会特有の特徴である。このことを考えると一般的な地域コミュニティは、ある地域的範囲における「集団」や「人間関係」とい

う「諸結合の複合」から成り立っていると考えられる。

　この「集団」や「人間関係」を主題として扱っているのが、蔵内（1966）の第九章「関係と集団」である。その第三節「個人的結合」において、蔵内はまず、二人の人間関係について考察している。そこで蔵内は、我と汝の関係において独我論的に我が一方的に汝を捉えるのではなく、汝の眼を通して我が我自身を規定しているという、リットの「視界の相互性」を人間関係の基本に置く。そして、二人が互いの意志を考慮する必要のある「面識」の関係に入ると、そこでは相手に映る自己のイメージに拘束されることで、面識関係は、個人の主観や「その時その場所だけ」という時空を超えた、客観的で持続的な意味をもつと指摘している（蔵内1966：175-176）。そのうえで、互いに相手の考え方や感じ方に調和させる相互適応の過程を経て、「個性的人格相互の結合」としての「二人結合」が成立すると指摘した（蔵内1966：177）。

　蔵内は、この面識関係と二人結合について「その社会的結合性の深さにおいてさまざまな程度がある」と述べ、その結合が持続する条件として「個人的な人格そのものに対する愛着」と「共同の目的、任務、利害関係」の二つを挙げている（蔵内1966：177）。このうち後者は、仕事上の人間関係などに典型的に見られる。これに対して、友人関係や恋愛関係は「本質的な、固有の意味をもつ二人結合であり、あくまでも特定の人格に結びついている関係」であると述べている（蔵内1966：178）。したがって、たとえば会社や大学の演習授業のグループワークでの人間関係を考えたとき、「共同の目的」があるからといって、それがただちに友人関係など特定の人格に結びついた「二人結合」になるわけではなく、通常は「面識関係」と仕事上の「二人結合」にとどまり、そのままではコミュニティ感情も醸成されないままに終わることが一般的である。いずれにせよ、このように蔵内においてはまず、人間関係のあり方として、面識関係やその発展としての二人結合が取り上げられていることを確認しておきたい。

（3）集団の特徴と共同意識による分類

　次に蔵内は、「三人以上の結合は二人結合とその本質を異にしてくる」（蔵

内1966：179）と述べ、集団の考察へとうつる。そこで蔵内は、「共同な運命、共同な遭遇、共同な任務、共同な目的」といった共通の対象を人びとが持つとき、そこに自我が融合した、「われわれ」意識をもった集団が生まれてくるという（蔵内1966：180）。ただし、自我の融合といっても、それは「人々の自我中心において行われているところの視界的体験関係」（蔵内1966：180）である。そのため、「われわれ」を体験しているときでも、我と汝の関係や、「汝等」の視線による規制もまた集団内には含まれている。このように蔵内は、集団における人々の意識の同一化と相互規制の二つの側面を指摘した（蔵内1966：181）。

また、規制という点に関して、集団の成員は通常利己的な欲求をもっているが、その「汝等」の目線、とくに集団内で第三者的な視点をもった人間の存在により、成員の利己的な欲求は規制を受けると蔵内は指摘している（蔵内1966：185）。そのため「成員が友人化しすぎると集団の志気は低下する」（蔵内1966：185）という。その規制は、慣習的なものと制定的なものに分けられる。このうち、後者をこれまでの議論と関連させて考えるならば、前節のコミュニティ感情の醸成の観点から見ても、成員自身が集団のルール設定などの「状況の定義」に参加することが重要だといえよう。

蔵内はさらに、集団成員の相互扶助的態度に関しても言及し、2つのパターンを指摘している（蔵内1966：188）。1つめは、集団において、人々の自我意識を融合する共通の対象（関心事）に関して、成員の受けた苦痛などへの同情を挙げている。これは、たとえば震災やコロナ禍において被害を受けた人びとに対する国民の同情などが挙げられよう。また2つめは、「伝統化されている行為の型」としての扶助である。こちらはたとえば、日本の伝統では、田植えや稲刈りの際の互助慣行であるユイや、共有地の管理に関する共同作業であるモヤイなどが有名である。また、今日では協同組合などの共益団体の共済活動も、伝統的な相互扶助から発展した事業として捉えることもできよう。

ただし、蔵内自身も指摘しているように、一般的に人びとは複数の集団に属している（蔵内1966：190）。それらの集団の規模の大きさも多様であり、たとえば世界市民的な「われわれ」意識まで考えられる。その場合、1つめ

の集団成員の苦痛に対する同情は、国外の人びとにまで拡大し、その人びとを支援するような活動にもつながるであろう。そうした意味で、集団成員の相互扶助的態度は、「われわれ」意識がどの次元にまで広がっているかが重要な要素だと考えられる。

最後に、上記の点とも関連して、蔵内はテンニエスらの説を検討しながら、共同意識の違いによる集団の形態についての分析をおこなっている（蔵内1966：206-208）。蔵内はこの共同意識について、①自己に先立って与えられていると人びとが考えている「根源共同の意識」と、②目的追求のための手段を共有する「手段共同の意識」と、③同一の理想や精神的価値を共有する「価値共同の意識」の、3つの意識を挙げている。そして、①の意識に基づく血縁集団や、一般的な地縁集団を「根源的共同社会」「生活共同社会」と呼ぶ。また、②の意識の集団に関しては、とくに利己的な利益追求を目的とした集団を「利益社会」「利益的結合」と呼び、③の精神的なつながりにおける社会を「真の社会的融合」と指摘し、「価値共同社会」と名付けている[3]。

蔵内によれば、これらの集団は、たとえば①の地縁集団が広域化するなかで、選択の範囲が広まり一部は利益社会に移行するように、それぞれ相互に関係がある（蔵内1966：210）。そのなかで蔵内は、シェーラーを参照しながら、利益的な結合もまた社会的結合であるかぎり、血縁や地縁のような自然的統一を前提としており、「生命共同社会の倫理に基礎づけられている」と述べている（蔵内1966：210）。

いずれにせよ、蔵内においては③の精神的人格的な結合が「真の社会的融合」（蔵内1966：208）であると高く評価されているのと同時に、その根底には自然や生命といった普遍的な共同性の視点が想定されている。ただし、この点を現象学的に基礎づけるためには、フッサールやシェーラーなどを取り上げて比較検討する必要があるため、ここでは上記の指摘だけにとどめておきたい[4]。

5．これまでのまとめと実践への示唆

以上、本稿では「コミュニティの再生」に関して、前半部で宮垣と吉原のコミュニティ論を比較し、「プロセスとしてのコミュニティ」観と、コミュ

ニティの成立に不可欠な「生きられる共同性」を指摘した。そして後半は、「生きられる共同性」の内実を、シュッツや蔵内の現象学的社会学の立場から明らかにしてきた。そのなかで、「コミュニティの再生」という観点から、実際の現場での取り組みに参考となる知見をまとめれば、それは以下のようになるだろう。

　まず、「コミュニティを再生する」とは今日、成員となりうる人びととの間で日常的なコミュニケーションを継続する仕組みを作ることだといえる。ただし、成員がもともと知人である場合などは別として、特定の財やサービスの供給を目的とした団体内部で、一からコミュニティづくりをしていくことは困難である。

　次に、コミュニティがコミュニティであるためには、それがただ表面的なコミュニケーションの継続であるだけではなく、そのコミュニケーションに参加している成員たちのあいだで、共属感情や共通の関心を分有しているという「コミュニティ感情」が必要である。そして、この「コミュニティ感情」を醸成するためには、成員になりうるメンバー間で、自分たちを取り巻く環境の類型化や主題（関心事）との関連性、メンバー間の役割、位置、地位などを、コミュニケーションのなかで定義づけていく必要がある。ただし、実際のコミュニティは必ずしも自律的に形成できるものではなく、そのコミュニティを取り巻く文化的背景などの外部環境からの影響を受けるため、そこには不確実性がともなっている。

　最後に、とくに地域コミュニティは「人間関係と集団の諸結合」から成り立っているが、前者は面識関係と二人結合（友人関係や恋愛関係）の二種類、後者は三人以上の関係として、生活共同社会、利益社会、価値共同社会の三種類に主として分類できる。そして、それらの集団は、共通の属性や関心事をもつときに自我が融合して「われわれ」意識を生むが、そこでは同時に集団成員の視線による規制も働いている。そのような緊張関係のなかで、集団は成員の共通の関心事に関する苦痛に対する同情からや、伝統的な行為類型から相互扶助をおこなう。

　以上をふまえたうえで、あらためて本稿冒頭で総務省が取り上げていた「防災や高齢者・子どもの見守り、居場所づくり」などの地域課題を、コミュ

ニティがどのように対処していくことができるのか。それは、一般論としては、まず地域における面識関係を増やすことで互いの人格を知り、そのなかから目的や理想、価値観などを共有できる人びとと二人結合を作るなかで、一緒に集団内外の状況を定義しながら、相互扶助的な活動を積み上げていくことが必要だといえる。この点に関しては、従来からある自治会やPTAなどのネットワークを手掛かりにすることが、地域コミュニティを一から作りだすことと比較すれば容易であろう。もちろんその際、前例踏襲型の閉鎖的な活動形態をあらため、現在の成員による「状況の定義」のためのコミュニケーションを積み重ねる機会をもつなど、民主主義的な活動形態に改善していくことが必要であることはいうまでもない。

しかしまた、このような既存のコミュニティ組織の活用と同時に、現代社会では、交通手段の発達やインターネットの普及などにより、以前よりも広域な社交圏をもつことが増えてきている。そのなかで、より広範囲にわたる「われわれ」意識の醸成にも参加しながら、特定の地域を超えた人びとの苦痛にも同情し、手助けができるような共同意識の拡大の機会が広がっている。吉原が指摘した、東日本大震災後の仮設住宅でのボランティアと住民との新しいコミュニティ形成もその一例である。したがって、現代社会における「コミュニティの再生」のためには、既存の組織と外部からの関わりの両者をうまく調整しながら、重層的な人間関係や集団の諸結合を作っていくことで、これらの課題に対処していくことが求められる。たとえば今日、「関係人口」と呼ばれる、地域外から継続して地域に関わる人びとの存在は、既存の地域社会の人間関係に変化をもたらす、新しい居場所づくりのひとつの契機となりうるであろう。

おわりに

以上の考察から明らかなように、コミュニティに関する現象学的視座は、現代社会学における「プロセスとしてのコミュニティ」観に関して、その実質を補完するような視点を提供することができる。それは、コミュニティ感情を産み出すシュッツの「状況の定義」の視点も然り、蔵内の「視界の相互性」を基礎にした人間関係と集団に対する考察も然りである。もちろん、そ

れらもまた社会関係の本質に関する考察であるため、一般的な記述は免れない。そのため、実際の「コミュニティの再生」の実践においては、本稿における視点の妥当性に関する検証と理論の改善が必要であり、この点は今後の課題としたい。

また、「コミュニティの再生」という実践を主眼に置いた場合、本稿で扱った「プロセスとしてのコミュニティ」観と、現象学的な社会関係への視点だけでは、不十分な点もあるだろう。たとえばそれは、個人の性格や気質など、きわめてパーソナルな差異によるコミュニティの形成のしづらさであったり、人びとがそれぞれの経済社会状況のなかで置かれている利己的な欲求充足との関係であったり、企業や行政などの多様な集団間での政治的な権力関係や協力関係という、コミュニティを取り巻く社会情勢であったりすると思われる。

こうした視点も含めて、コミュニティの再生にはより多くの観点からの考察が必要である。しかし、現代社会における日本のコミュニティ研究に関して、現象学的視座の重要性を明らかにした論文は管見のかぎり見当たらない。その意味で本稿は、コミュニティの再生に関する現象学的視座の意義を、一定程度明らかにできたと思われる。

注
1 ただし、宮垣が別の箇所で指摘しているように、まさに特定の財やサービスを提供することを目的とするNPO自体がコミュニティ機能をもつ可能性もある（宮垣2024：68）。しかしそれは、NPOの成員内の関係に、特定の財やサービスを供給するという目的ではなく「関係そのものが目的」のような状態が生まれているからだと考えられる。この点を宮垣自身は、NPOへの参加は「個々人の社会ネットワークを介するものがもっとも多い」ため、「NPOは組織と地域コミュニティが相互浸透するような構造となりやすい」と指摘している（宮垣2024：69-70）。
2 なお、現象学的観点からの集団の分類については、清水盛光の『集団の一般理論』（1971年）もあり、分類そのものに関しては蔵内（1966）よりも清水（1971）のほうが詳細である。しかし本稿では、二人結合から集団へと至る発生的な観点と、後述する蔵内＝シェーラーの「生命共同社会」や宇宙的一体感の現象学的視座に着目しているため、ここでは蔵内のみを取り上げた。
3 蔵内によれば、利己的な目標追求だけではなく、共同目的の追求のための「手段共同

意識」に基づいた集団も存在する（蔵内1966：207）。ここでの共同目的とは、団体競技における勝利や、福祉系のNPOなどで「特定の財やサービスの供給を目的」とするものなども含まれよう。ただし、NPOは精神的価値の共同とも重なりあう部分があるため、純粋な手段共同意識に基づいた集団としては位置づけられない。
4　蔵内が依拠するシェーラーの「生命共同社会」についてここで簡単に整理しておきたい。蔵内（1966：203）が述べているように、シェーラーは社会の在り方について、群衆、生命共同社会、利益社会、総体人格を区別している。このうち、生命共同社会が蔵内のいう「根源的共同社会」、利益社会が「利益的結合」、総体人格が「価値共同社会」にそれぞれ対応している。蔵内は、この生命共同社会が、自他未分の共同体験やその追体験（追感）から成立する「自然的統一」（蔵内1966：203）だと指摘している（これに対して利益社会は人為的統一）。しかし、この生命共同社会の基礎に「感覚的層における社会的統一」（蔵内1966：203）としての群衆があり、蔵内の別の論考（蔵内1977）によれば、その「生命的感情」の次元においては、人間、動物、植物という自然的生命の間での「宇宙的一体感」があると、蔵内はシェーラーに依拠しながら指摘している（蔵内1977：479-480）。このように蔵内の社会学は、本文で指摘したように普遍的な共同性の視点をその根底に置いていると考えられる。しかしこの点に関しては、フッサールの「衝動的志向性」や「根源的自然」との関係を含めて、現象学の観点からのさらなる研究が必要である。

〔参考文献〕

広井良典（2009）『コミュニティを問いなおす：つながり・都市・日本社会の未来』筑摩書房.

廣重剛史（2020）「コミュニティ再生のための理論と実践」目白大学社会学部社会情報学科編『社会情報の現場から：ソシオ情報シリーズ19』三弥井書店：91-104.

蔵内数太（1966）『社会学（増補版）』培風館.

─── (1977)「人間・社会・宗教」『蔵内数太著作集　第二巻』関西学院大学生活協同組合出版会：458-502.

MacIver, R. M., 1937, *Society: A Textbook of Sociology*, Macmillan（London）.

宮垣元（2016）「社会学からみるコミュニティ論」丸尾直美・宮垣元・矢口和宏編著『コミュニティの再生：経済と社会の潜在力を活かす』中央経済社：36-54.

─── (2024)『NPOとは何か：災害ボランティア、地域の居場所から気候変動対策まで』中央公論新社.

Schutz, A., 1964, *Collected Papers II: Studies in Social Theory,* edited and introduced by Brodersen, A. (Phaenomenologica 15). Martinus Nijhoff (Hague). (＝1991, 渡部光・那須壽・西原和久訳『アルフレッド・シュッツ著作集第3巻 社会理論の研究』マルジュ社.)

総務省 (2022)「地域コミュニティに関する研究会報告書」: 1-53.

富永健一 (2004)『戦後日本の社会学：一つの同時代学史』東京大学出版会.

吉原直樹 (2011)『コミュニティ・スタディーズ：災害と復興、無縁化、ポスト成長の中で、新たな共生社会を展望する』作品社.

─── (2016)『絶望と希望：福島・被災者とコミュニティ』作品社.

─── (2019)『コミュニティと都市の未来：新しい共生の作法』筑摩書房.

第9章　ソーシャルビジネスの誕生と広がり
―事例から理解するソーシャルビジネス―

田中　泰恵

1. はじめに　ソーシャルビジネスとは

　皆さんは「ソーシャルビジネス」という言葉やその意味をご存じであろうか。バングラデシュの金融機関「グラミン銀行」の創設者ムハマド・ユヌス氏が、貧困に苦しむ人々に無担保で小口の資金を融資する「マイクロクレジット」と呼ばれる制度を考案し2006年にノーベル平和賞を受賞したことをきっかけに、日本でも用語が政府やマスコミまたはビジネスの場でも少しずつ使用されるようになった。ユヌス氏は、著書『貧困のない世界を創る―ソーシャル・ビジネスと新しい資本主義―』の中でソーシャルビジネスを「人種差別、貧困、食糧不足、環境破壊といった社会問題の解決を行うビジネス」と述べている。また2007年に発足した経済産業省のソーシャルビジネス研究会においては、「ソーシャルビジネスとは、『社会性』『事業性』『革新性』の3つの要素を満たしているビジネス。その担い手の組織の形態は、NPO、株式会社などさまざまな組織である。」としている。

　しかし、すぐに多くの人々に理解が浸透したかというと、やはりそういうわけではない。2014（平成26）年7月に日本政策金融公庫総合研究所が「ソーシャルビジネス・コミュニティビジネス[i]に関するアンケート」（全国18歳～64歳の男女3,143人、インターネットを使用したアンケート）を実施した時点では、ソーシャルビジネス・コミュニティビジネスのいずれか一方でも知っている人の割合は28.3％と少ない。またソーシャルビジネスとコミュニティビジネスのいずれか一方でも知っていると回答した857人のうち、具体的な企業名（法人名）を挙げられた人は584人（68.1％）、そのうち最も多く名前が挙げられたのがグラミン銀行で10名、またソーシャルビジネス以外の回答としてNPOとだけ記入した人が22人、ユニセフやユネスコなど国際機関を回答した人も多くおり、内容が正しく理解されていないことがうかがえる状況で

あった。

　直近では2023（令和5）年11月に同じく日本政策金融公庫実施した「起業予定層のソーシャルビジネス起業に対する意識調査」で「ソーシャルビジネスの認知度をみると『聞いたことがあり、意味も知っている』が25.9％、『聞いたことはあるが、意味は知らない』が49.5％と、聞いたことがあると回答した割合は約7割を占めている」（日本政策金融公庫 2024）との報告がある。しかしこちらの調査は、事前調査において「起業経験なし」かつ「起業に対する関心がある」と回答した者のうち、「1～10年以内に起業予定」または「時期未定だが起業意向あり」と回答したものを「起業予定層」と定義し、その起業予定層1,030人を対象とした調査であり、不特定多数の国民への調査を実施した場合は、これよりかなり低い数字となることが予想される。

　以上から本章では、ソーシャルビジネスがなぜ世界中で浸透していったか、また具体的にどのようなことを実施しているのかを知るための手がかりに事例を紹介したい。本稿がソーシャルビジネスへの認知や理解を深める一助となれば幸いである。

2. NPOからソーシャルビジネスへの展開

　ソーシャルビジネスの原型は、1980年代頃のイギリスで発生したといわれているが、当時のイギリスは国家の形として「小さな政府」へ移行する政策を取り入れ、公共サービスを大幅に縮小していた。そのような状況に対して市民は、公共サービスを補完するかたちで事業を次々に立ち上げたのである。

　実はこの状況は世界の多くの国で共通の傾向でもあった。18世紀後半から19世紀にかけて各国で産業革命が起こったが、その頃まで「国家は経済活動に干渉や介入すべきではなく、国防、警察、公共施設などに限定すべき」「貧困は個人の責任」という考え方が主流であり、「安価な政府」の形をとっていた。だが1929年10月24日木曜日、ニューヨーク株式市場のウォール街で突然株価が一斉に大暴落、いわゆる世界恐慌が起こり、多くの失業者も発生することになる。ここにおいて世界は「貧困は個人の責任だけではない。社会にも問題がある。」という認識を得て、国家が経済活動にも積極的介入する

「大きな政府」の形をとるようになる。しかし1970年代には大きな政府は限界に直面し、強い批判を受けるようになった。そして1980年代になるとレーガン政権（米国）やサッチャー政権（英国）に代表されるように、欧米各国の政治の主流に経済的自由主義が復活すると、公共サービスなどを縮小する「小さな政府」を志向する改革が実施されていった。この時に政府に代わって公共サービスを提供する事業がNPO（非営利組織）として世界的に台頭したのである。この社会的現象は「世界的非営利革命（連帯革命）」とも呼ばれている。そしてこの時期に起こった事業の中から、「ソーシャルビジネス」が展開していくことになる。

　NPOは、ご存じのようにNon‐Profit Organizationの略であるが、直訳すると「非営利組織」である。ただし意味を正確に伝えるために日本語では「民間非営利組織」と訳す場合も多い。「民間」とは「政府の支配に属さないこと」、「非営利」とは利益を上げてはいけないという意味ではなく「利益があがっても構成員に分配しないで団体の活動目的を達成するための費用にあてること」、「組織」とは「社会に対して責任ある体制で継続的に存在する人の集まり」を意味している。つまりNPOは公的サービスの不足する部分を補い社会的な問題の解決を目指すことを目的とした政府とは別の組織であり、責任ある体制で継続的に存在することが求められているのである。そのため、ボランティアや寄付に頼るだけでなく、ビジネスの手法を活用し自律したマネジメント（経営管理）で継続性を担保することが不可欠であることが、活動の実践を通して明らかとなっていった。それが、NPOがソーシャルビジネス化する契機となっている。そしてまた、社会的な問題の解決を目指すことを目的とする事業であれば、組織としてNPO（非営利組織）であるか営利企業であるかにかかわりなくソーシャルビジネスと捉えられるようになっていった。

　なお改めて、ソーシャルビジネスと一般的なビジネスは、事業を行う目的に大きな違いがあるということを理解してほしい。ソーシャルビジネスは、「社会問題の解決」が最大の目的となっており、社会問題への取り組みを継続するために、その活動資金として「利益」を生み出すという考え方で組織を運営している。NPOすべてが、これに当てはまるわけではない。一方で

株式会社など企業が行う一般的なビジネスの目的は、「自社の利益の最大化」であるが、「社会問題の解決」を最大の目的としながらも形態としては株式会社を選択する組織も存在している。さらに近年はSDGs等の社会的課題の解決に向けた人々の関心や認識が広がるにつれ、企業もその責任を担う必然性の中から最終的な目的の方向性の一部または全部を修正する企業も少なくないというのが現状である。

さて、このようにして生まれたソーシャルビジネスが概念として確立したのは、先に述べたように2006年にグラミン銀行とその創始者であるムハマド・ユヌス氏がノーベル平和賞を受賞したことがきっかけとされている。次項では、そのグラミン銀行について、続いて日本国内のソーシャルビジネスの代表的な事例として「認定NPO法人フローレンス」「株式会社いろどり」「株式会社ボーダレス・ジャパン」についてそれぞれ紹介したい。

3. グラミン銀行

1974年にバングラデシュで飢饉が起こったとき、バングラデシュ出身の経済学者であるムハマド・ユヌス氏が、「農村などの貧困者にも銀行サービスを広げていくことで融資システムを構築していくための可能性についてのプロジェクト」（組織としてはNPO）を立ち上げたのが、グラミン銀行のそもそもの起源である。つまり貧困を削減することを目的として、貧困から脱却し自立した生活をするための支援を実施したのである。このプロジェクトは、バングラデシュ中央銀行の支援もあり徐々に広がりを見せ、1983年に出されたバングラデシュの政令によって独立銀行として認定され正式にグラミン銀行が発足した。そして2006年、グラミン銀行及び創設者のムハマド・ユヌス氏が「ノーベル平和賞」を受賞したのである。

グラミン銀行はマイクロファイナンスの代表的な事例であり、「生活困窮者に対する融資」「小規模な融資額」「無担保融資」であることに、大きな特徴がある。またマイクロファイナンスは「起業や就労のため」の準備資金であり、融資された金額を生活費に充てて一時的にしのぐという性格のものではない。その点で一般的な消費者金融とは大きく異なる。

グラミン銀行は上記のようにこれまでの銀行では対象にしない層に対して融資を実施しているにも関わらず、高い返済率を実現しているが、それを担保する仕組みとして次の3点のサービス展開が挙げられる。

　まず「移動業務」である。顧客が銀行に赴くのではなく、銀行スタッフが村を訪れて手続きを行う。毎週1回、村の人々が集まり、そこに銀行スタッフが赴いて、融資や貯蓄の手続きを行う。銀行側にとっては一度に多くの顧客の手続きをこなすことが出来る一方、貧困層にとっても、遠い銀行の支店に行くことなく必要な手続きを行うことが出来るメリットがある。次に「グループ貸付」である。銀行は顧客に対し担保を求めない代わりに、顧客5人による互助グループをつくることを条件として求める。これは、それぞれが他の4人の返済を助ける義務があるが、連帯責任や連帯保証ではなく、他のメンバーに本人に代わっての支払いの義務は生じない仕組みである。銀行のスタッフが一人一人の貸手の返済状況を審査・管理することは多大な労力を要する為、メンバー同士で返済の管理をすることが期待された。そして最後が「定額返済」である。まとめて、または月に1度など間隔を置かず、毎週少額ずつ返済する仕組みとした。

　またグラミン銀行は「4つの原則（規律・団結・勇気・勤勉）」を掲げ、バングラデシュにおいては「16の決意」（資料1）と呼ばれる価値観を広めるために、借り手には毎週1回の集まりにおいて16の決意を暗唱し守ることを誓わせた。その結果、借り手は良い社会習慣を受け入れるようになり、16の決意を採用するようになってから、ほとんど全ての借り手が学齢に達した子どもを入学させるようになったという。

　なお以上のグラミン銀行のビジネスモデルをJICAバングラデシュ事務所は図1のようにまとめている。

　ところでその後、グラミン銀行の流れを組むプロジェクトは世界中に広がっている。2018年には、一般社団法人グラミン日本も設立された。当該団体は、シングルマザーやワーキングプアの人たちに、一時的な生活資金ではなく、「起業や就労」のために準備資金を支援することで自立を促し、貧困状態から抜け出させることを目的に活動し、貧困のない社会を作ることを目指している。

資料1
16の決意（生活向上への意識付け）・・・ウィークリー・ミーティングの際に暗唱
1. 私たちはグラミン銀行の4つの原則に従い、私たちの人生のあらゆる歩みの中でこれを推進する：規律、団結、勇気、そして勤勉。
2. 繁栄は家族のために。
3. 私たちはあばら家には住まない。まず第一に家を修繕し、新しい家を作るために働く。
4. 私たちは一年を通して野菜をつくる。私たちはそれらを豊富に食べ、余った分を売る。
5. 私たちは耕作期にはなるべく多くの種をまく。
6. 私たちは家族を増やしすぎないように計画する。支出をおさえ、健康に気を遣う。
7. 私たちは子供たちを教育し、子供たちの教育費を払えるよう保証する。
8. 私たちはつねに子どもと周囲の環境を清潔に保つ。
9. 私たちは穴を掘ったトイレ（pit-latrine）をつくり、使う。
10. 私たちは筒井戸から水を飲む。もし井戸がない場合は、水を沸かすかミョウバンを使う。
11. 私たちは息子の結婚式で持参金をもらわず、娘の結婚式にも持参金を持っていかない。私たちのグループは持参金の呪いから距離をおく。私たちは幼年での婚姻をさせない。
12. 私たちは不正なことをせず、また他人に不正なこともさせない。
13. 私たちはより多くの収入を得るため、共同で大きな投資をする。
14. 私たちはつねにお互いに助け合えるよう用意する。もし誰かに困難があれば、私たちは全員で彼または彼女を助ける。
15. もしどこかのグループが破綻しそうだとわかったときは、私たちはそこへいって回復を手助けする。
16. 私たちはすべての社会活動に共同で加わる。

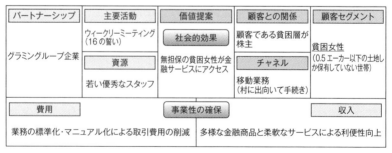

（出典）Bangland<https://www.jica.go.jp/bangladesh/bangland/cases/case20.html>

図1　グラミン銀行のビジネスモデル

4. 認定NPO法人 フローレンス

　創業者の駒崎弘樹氏は、学生時代に後輩が起業したITベンチャー企業の社長に就任、数千万円の年商を上げるまでの規模になった。しかし経営にのめり込むほどに自分は何のためにこの仕事をやっているのかが見えなくなり、違和感がふくらんでいき、自分は金儲けではなく社会に役立てる活動をしたいことに気づいたという。そのような時期に、ベビーシッターをしていた母親から聞いた「熱を出した子どもの看病のために、何度も仕事を休まざるを得なかった女性が、会社を解雇されてしまった」という話を思い出す。そもそも子どもは熱を出すことで免疫力を付けていくものである。一般の保育園は園児が熱を出すと預かってくれないので母親が仕事を休んで看病する。そんな当たり前のことで解雇されてしまうような社会に自分は生きているのだという現実に気付き、この問題に事業の手法で取り組むことを決意した。そして大学卒業後、2004年に日本初の「共済型・非施設型」の病児保育サービスを提供するNPO法人フローレンスをスタートすることになる。その後、子ども・子育てにかかわる社会問題に次々と取り組み、それらの解決のために新しい事業をつくり、政策提言をし、人々の考え方や捉え方、その集まりである文化をアップデートする活動を継続して行っている。その歩みを以下に紹介する。

(1) 病児保育問題

　子どもが37.5度以上の熱を出すと、保育園では預かってもらえない。フローレンスの「訪問型・共済型」の病児保育が生まれる前は、病児保育は施設型で、それも常時満員状態で預けたくても預けられず、親は仕事を休まざるを得ない状況であった。そこで、こどもの発熱時に保育スタッフが自宅に駆けつけて子どもを見守る「訪問型」の病児保育を事業化した。また病児保育の依頼に100％対応できるよう、月会費を会員が出し合う独自の「共済型」のしくみをつくったのである。さらに2008年からは、仕事を休むことが家計に影響を与えやすいひとり親の負担軽減のため、「寄付によるひとり親支援プラン」もスタートさせた。こうして「どんな親子のピンチにも、必ず駆け

つけてくれる」という新たな安心は、多くの親たちに受け入れられ、「病児保育」という新しい市場が開拓された。なお2015年には、フローレンスがモデルになったマンガを原作にしたTVドラマ「37.5℃の涙」が放映されている。

（2）待機児童問題

　現在も「待機児童問題」は深刻な状況が続いているが、かつては20人以上でなければ認可保育所とならず、特に都市部では認可保育所を建てられる土地や施設はそうそう存在しないという状況であった。そこで、フローレンスは発想を転換し、都心の空き物件を活用、0－2歳児を対象とした定員19人以下の保育園「おうち保育園」を2010年にスタートさせた。この小さな挑戦が注目され、2012年「子ども・子育て支援法」にて「小規模認可保育所」が制度化、国策となった。

（3）障害児保育問題

　きっかけは、あるお母さんの一通のメールだったという。「医療的ケアの必要な子どもの預け先がなく、仕事を続けられない」という悲鳴に近い内容だった。医療の進化により出産時に救える命が増え、比例して医療的ケアが必要な児童数も増加している。しかし「保護者の就労を支える」ことを目的とした預かり先は日本では限りなくゼロに近かった。そこで2014年、杉並区で日本初の医療的ケアの必要な子や重症心身障害児の長時間保育を実施する「障害児保育園ヘレン」を開園。2015年には自宅でマンツーマン保育する「障害児訪問保育アニー」を開始した。ヘレン・アニーを利用した母親の常勤雇用率は88％と驚きの数値を記録し、利用者から「私を社会に戻してくれてありがとう」という言葉がいくつも届いたという。また2019年からは医療的ケア児の親子の多様な支援ニーズに応えるべく「医療的ケアシッター　ナンシー」をスタート。保育だけにとどまらず、さまざまな形のサポートを通して、親子の挑戦に伴走している。

（4）赤ちゃん虐待死問題

　2週間に1人、今も生まれたばかりの赤ちゃんが虐待によって命を落とし

ているという。なぜ、赤ちゃんが命を落とさなければならないのか。一つは性犯罪被害などの望まない妊娠。さらに、貧困・社会的孤立などが重なり、負の連鎖はとどまることを知らない。フローレンスはこの問題の解決策として「赤ちゃん縁組」を2016年4月よりスタートさせた。妊娠期に課題を抱える妊婦の相談を受け、出産と同時に、子どもを望む育ての親に託す。さらに事業によって目の前の赤ちゃんを助けながら、政策提言による制度づくりを行う。特別養子縁組を仲介する機関としては、行政機関である児童相談所と、民間団体があり、フローレンスも民間団体の1つである。

　そしてフローレンスは、「赤ちゃん縁組」事業をスタートすると同時に、予期せぬ妊娠に悩む女性に相談員が対応する「にんしん相談」を行ってきた。さまざまな公的支援の情報提供も含めて、相談員が寄り添い、ともに考える伴走支援を実施している。その中には経済的不安に関する相談も多く、保健センターや病院と連携して、孤立する妊婦を医療や公的支援につなげる取り組みも併せて行っている。また赤ちゃん遺棄の要因の1つに、経済的困窮のため妊婦が受診を避け、その結果医療機関とつながれないまま孤立するケースがある。フローレンスでは、「妊娠しても金銭的な理由で医療機関に通えない」妊婦を救うため、寄付をもとに「中期以降ハイリスク妊婦への初回受診料支援」を行う取り組みを2022年10月に試験的に開始した。そしてこの考え方を発展させ、フローレンスが健診費用や出産費用を提携先の医療機関に支払う「無料産院」事業も展開している。この事業は、孤立し経済的に困窮する妊婦の金銭的不安を取り除き、安心して出産できる環境づくりを支えるものである。日本初のこの取り組みでは、開始初年度に11組の妊婦と赤ちゃんを支援した。

　なお2020年にスタートした「にんしん・養子縁組相談窓口」の「エナガさん相談室」は、チャットボット相談員の「エナガさん」がLINEで相談に対応するサービスで、支援を必要とする人に、正しい情報を24時間届けるシステムとして多くの人をサポートしている。さらに2024年2月には、チャットボット相談員「エナガさん」にAIを実装し、「対話機能」と「分析機能」をアップデートした。センシティブな相談内容には専門相談員が対応し寄り添って支援していくことは変わらないが、AIの力により、さらに相談しや

すいサービスを目指したものとなっている。

（5）ひとり親家庭の貧困問題：子ども宅食

　日本の子どもの7人に1人、ひとり親家庭の子どもは2人に1人が貧困状態にある。現在、多くのNPOなどが、生活の厳しい家庭のこども達を支援しているが「周りの目が気になるから」と生活に困っているというSOSを発せない家庭も多い。どれほど素晴らしい支援も、必要とする人に届かないと意味がない。そうした家庭を、唯一きちんと把握しているのが行政である。しかし支援を受けるには、役所の書類を読み解き、平日に仕事を休んで窓口に行き、近所の人の目があるかもしれない中で申請する必要がある。そこには極めて高いハードルがある、と言わざるを得ない。そこでフローレンスが考案したのが、定期的に食品を届けて信頼関係を築き、課題を抱える家庭を行政サービスや支援団体につなげる「こども宅食」事業である。2017年、東京都文京区と複数の民間支援団体と協働する形でこども宅食が実現。その後、コロナ禍を契機に国の予算にこども宅食への補助が含められ、また中間支援団体としての「こども宅食応援団」が創設されたことで、こども宅食は短期間で全国に広がっていった。2023年度には約2.5万世帯に対し、合計25.3万点の食品を提供し、日本最大規模の食糧支援を実現した。

（6）多胎児家庭支援

　多胎児を育てる保護者に向けたアンケートを実施した結果、多くの多胎児家庭がその過酷な育児を家族だけで担わなければならない状況にあり、気軽に外出できない状況が明らかになった。この問題を解決するためにフローレンスは、過酷な育児をサポートするための多胎児専門訪問サービス「ふたご助っ人くじ」を開始し、都内の多くの家庭に訪問をしている。また公共交通機関の利用を促進するため国や都、バス会社と交渉を開始、その結果、2020年9月に都バスの一部区間で、2022年5月には都内全路線で、「双子ベビーカーを折りたたまずに乗車」が解禁された。なお2024年1月には、多胎児家庭の外出をサポートし、社会とのつながりを提供することで保護者を支援し、課題解決に寄与したとして「令和5年度東京都女性活躍推進大賞」の特

別賞を受賞した。

(7) その他

　これまでの活動を通じて、本当に支援を必要としている人ほど、支援にアクセスできない現状にフローレンスは課題を感じていた。この課題を解消するには従来の対面中心の方法とは異なる手法の支援が必要だと考え、2021年にLINEを活用した全国対応のLINE相談「おやこよりそいチャット」をスタートした。この事業では、相談者や相談内容に応じて対面支援や訪問支援につなぐ「ハイブリッドソーシャルワーク」を実践し、一定の成果を上げている。さらに、生成AIを組み合わせ24時間365日相談に対応できる体制を構築、「テクノロジー×福祉」で、新たな時代を目指している。

　またこどもの「体験格差」の解消を目指し、体験が不足しがちな家庭が、企業が無料で提供した体験を自由に選べるプラットフォーム事業「こども冒険バンク」を2024年に開始した。

　以上のように認定NPO法人フローレンスは、まさに社会課題を次々と発見し、企業や行政と協同しながら採算の取れる解決の手段を開発、常識や固定概念にとらわれない新たな社会的価値を創造している。2024年4月1日現在、派遣業務委託インターン理事含め794名、直雇用のみで675名のスタッフが在籍する最大規模のNPO法人となっている。

5．株式会社　いろどり

(1) 設立の背景

　徳島県上勝町（人口約1,400人、高齢化率50％強）の1980年頃までの主な産業は木材や温州みかんであったが、高齢化が進む中で厳しい局面をむかえていた。さらに1981年には局地的な異常寒波が上勝町を襲い、みかんが枯死し復活は難しい状況となった。それをきっかけに、当時農協職員だった横石知二氏（現・代表取締役社長）が、町の半数近くを占める高齢者や女性が活躍できる仕事はないかと模索、1986年に町の山々にある葉っぱを「つまもの（日本料理を美しく彩る季節の葉や花、山菜など）」として販売しようと発案、そして

ブランド名を「彩（いろどり）」として「葉っぱビジネス」がスタートした。この時点で「彩（いろどり）」は農協の事業であったが、1996年4月に横石氏は上勝町産業課課長補佐として転籍し、高齢者が使える情報ネットワークシステムを開発するなど、㈱いろどりの設立に向けて準備を始めることとなる。そして1999年4月、㈱いろどりが設立された（当初の代表取締役社長は当時の上勝町長）。ミッションは、農業による地域活性化である。

(2) 葉っぱビジネスの仕組みと特徴

葉っぱビジネスは、営農戦略・栽培管理は農家、受注・精算・流通は農協、市場分析・営業活動・システム運営は㈱いろどりが行うという三位一体のビジネスとなっている。㈱いろどりは農家から手数料を得て市場分析・営業活動・システム運営を行っている。

葉っぱビジネスの特徴としては、商品が軽量で綺麗であり、女性や高齢者が取り組みやすいことが挙げられる。また多品種少量生産であり、種類は300以上、1年を通して出荷できる。上勝町内の農家は約150軒とのことだが、彩の年商は平常時約2億円（コロナ禍の令和2年度は約1億5,000万円）。年間売上が約1,000万円の高齢者（女性）もいるという。また上勝町は、徳島県のほ

（出典）株式会社いろどり <https://irodori.co.jp/about/>

図2　葉っぱビジネスの仕組み

ぼ中央に位置し、地形は平地が少なく急峻で大規模農業には向いていないが、山あいの地形・冷涼な気候、高齢者の知恵があり、葉っぱビジネスには最適な場所である。

さらに葉っぱビジネスを支えるのは、㈱いろどりが運営する「上勝情報ネットワーク」の情報である。専用HPは毎日更新され、受注情報・全国の市場情報・今後の予測・昨年度比・栽培管理情報などを見ることができる。農家は、情報を分析、マーケティングを行い、葉っぱを計画的に栽培管理し全国へ出荷している。その他、自分の売上順位が分かるなど、やる気の出る"ツボ"をついた情報も提供している。2017年新システム導入した際にはSNSを取り入れるなど、時代に応じたシステムづくりをしている。

(3) 葉っぱビジネスがもたらしたもの

葉っぱビジネスは高齢者や女性達に出番と役割を与え、町に活気が生まれた。老人ホームの利用者も減り、町営の老人ホームは閉鎖、寝たきり老人もほとんどいないという。

また地方創生のモデルとしてメディアにも度々取り上げられるようになった。2012年に俳優の吉行和子さん主演で映画「人生、いろどり」が製作され、全国ホール上映となり、約15万人が来場した。さらに上勝町への視察者が増え、農業体験希望者や移住希望者も増えた。まさに農業による地域活性化を実現しているといえよう。

6. 株式会社 ボーダレス・ジャパン

創業者の田口一成氏は、大学2年時に発展途上国で栄養失調に苦しむ子どもの映像を見て、「この問題の解決こそ自分が人生をかける価値がある」と決意したという。大学在学中に米国ワシントン大学へビジネス留学し、卒業後、一般企業への就職を経て25歳で独立、社会問題をビジネスで解決する「ソーシャルビジネス」しか行わない会社として2007年3月に㈱ボーダレス・ジャパンを設立した。現在、世界14カ国で51のソーシャルビジネスを展開し、従業員は約1,500名、グループ年商は86億円（2023年度）、2024年度は100億円を超える見通しである。

2018年には、「社会起業家の数だけ社会問題が解決される」という考えのもと、社会起業家養成所であるボーダレスアカデミーを開校した。ここでは２日間の集中講座の後、３ヶ月間のプランニング伴走、卒業後の経営伴走を行っている。2018年〜2024年までで、400名以上が受講、そのうち100名以上の受講者が起業している。

　また㈱ボーダレス・ジャパンはパーパス（存在意義）を「SWITCH to HOPE」（社会の課題を、みんなの希望に変えていく）としている。「みんなが幸せな社会をつくる」という一人ではできないことを成すために、ソーシャルベンチャーが集い、支え合い共に成長する仕組みとコミュニティとして「カンパニオ（COMPANIO）」（カンパニオはCOMPANYの語源）を導入している。具体的には支え合い、高め合い、インパクトを最大化する以下の９つの仕組みとなっている。

① 　　創業支援　　　　（「恩送り[ii]」の資金循環、起業プログラムの提供・支援）
② 　　学び合い　　　　（ノウハウ共有会、経営道場（外部講師））
③ 　　高め合い　　　　（事業戦略会議、ボーダレスサミット）
④ 　　助け合い　　　　（黒字化プロジェクト、アイデア突破会）
⑤ 　　ネットワーキング　（事業連携、ネットワーキング）
⑥ 　　経営バックアップ　（バックアップスタジオ、情報アクセス）
⑦ 　　セーフティネット　（連帯保証制度、ファミリアバンク）
⑧ 　　共同の社会活動　　（ボーダレス財団、次世代育成）
⑨ 　　仲間とのつながり　（ソロ朝会、社長会、世界会議）

　なお次々と社会起業家を生み出すボーダレス・ジャパンの仕組みは、2019年度「グッドデザイン賞（ビジネスモデル部門）」および第９回「日本でいちばん大切にしたい会社大賞・審査委員会特別賞」（2019年）を受賞している。

7. さいごに

　以上、社会課題を解決することを第一義の目的としたソーシャルビジネスについて概観した。先にも述べたように、近年、本来は自社の利益の最大化を第一義の目的とする企業においても、社会の要請や需要を反映してソー

シャルビジネスに取り組むところも現れ、両者の事業内容は接近し重なる部分も多くなってきた。もちろんそこには、歓迎すべき点も、懸念すべき点もあると考えられる。私たちには今、ソーシャルビジネスの意味を正確に理解し、的確な判断基準を持つことが求められているといえよう。

---

i コミュニティビジネスとは、「市民が主体となって、地域が抱える課題をビジネスの手法により解決する事業」を意味している。ソーシャルビジネスはコミュニティビジネスをも含めた社会全体の課題をビジネスの手法で解決することとされているが、日本においては地域ごとの生活課題を解決することに対する関心や興味も高く、コミュニティビジネスの事例が多くみられる。

ii 売上の1%を各社が拠出し合い、新しい仲間の創業資金を提供する。また応援出資を受けた起業家も同じく、創業後は売上1%を拠出する側にまわり、次の起業家の挑戦を支えていく「恩送り」の資金循環で社会起業家の誕生を支える仕組み。

[引用・参考文献]

株式会社いろどり <https://irodori.co.jp/> (2025年1月4日取得).

株式会社日本政策金融公庫 (2024)「20代は社会貢献意欲を背景にソーシャルビジネス起業への関心が高い～起業予定層のソーシャルビジネス (SB) に対する意識調査結果～」<chrome-extension://efaidnbmnnnibpcajpcglclefindmkaj/https://www.jfc.go.jp/n/release/pdf/topics_240306a.pdf> (2024年12月25日取得).

駒崎弘樹 (2011)『「社会を変える」を仕事にする：社会起業家という生き方』筑摩書房.

高安健将 (2012)「『大きな政府』から『小さな政府』、そして大きな規制国家へ？」, 生活経済政策2012. 6 No.185, 18-22.

田口一成 (2021)『9割の社会問題はビジネスで解決できる』PHP研究所.

特定非営利活動法人フローレンス <https://florence.or.jp/> (2024年12月30日取得).

日本政策金融公庫総合研究所 (2014)「『ソーシャルビジネス・コミュニティビジネスに関するアンケート』の結果について」<chrome-extension://efaidnbmnnnibpcajpcglclefindmkaj/https://www.jfc.go.jp/n/findings/pdf/sme_findings140912.pdf> (2024年12月25日取得).

Bangland「グラミン銀行～進化する貧困層を対象に金融サービスを提供するビジネス

モデル〜」<https://www.jica.go.jp/bangladesh/bangland/cases/case20.html>（2024年12月25日取得）．

ムハマド・ユヌス／猪熊弘子訳（2008）『貧困のない世界を創る』早川書房．

第10章　プロテインクライシスに備える昆虫食

日比　香子

1．はじめに

　ここ数年、プロテインクライシス（たんぱく質危機）という言葉を耳にすることが多くなった。プロテインクライシスとは肉をはじめとするたんぱく質の需要が供給可能な量を上回り、タンパク質の供給不足が世界規模で発生することを指す。本章では、なぜこのようなことが囁かれるようになったのか？また、来るプロテインクライシスに対してどのような対策を生じればよいのか？について考える。

2．なぜプロテインクライシスが起こるのか？

（1）世界の人口増加

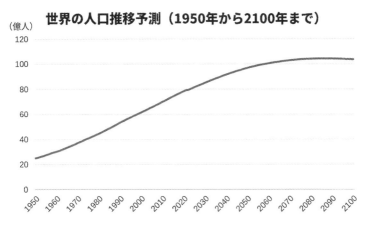

出典：国際連合人口部（United Nations Population Division）

※世界人口推計2022年版、※すべて年央推計、※人口増加率は、前年から当年までの人口増減数を前年人口で除したもの

図1からも分かるように国連の推計によると、2024年の世界人口は82億人とされており、ここから2080年代半ばにかけて人口は増加し、103億人でピークに達すると予測されている（国際連合広報センター 2022年）。あくまでも試算であるが2050年にはおよそ97億人に到達するとされ、その人口は現在地球で養える能力を超えてしまうと言われている。特にたんぱく質においては、1日に体重の1/1000必要であると言われており、1人当たりの平均体重を50kgと仮定した場合、2050年には年間約1.8億トン（1日あたり50万トン）のタンパク質の供給が必要になる。現在の農業・畜産業の在り方のままでは早ければ2025～30年頃には需要と供給のバランスが崩れ始め、需要が供給を超過し始めることが示唆されている。つまり、世界的なたんぱく質の供給不足が予測されている。

（2）異常気象

2023年の日本の平均気温の基準値（1991～2020年の30年平均値）からの偏差は+1.29℃で、1898年の統計開始以降、2020年を上回り最も高い値となっている。日本の年平均気温は、様々な変動を繰り返しながら上昇しており、長期的には100年あたり1.35℃の割合で上昇しており、特に1990年代以降、高温となる年が頻出している（気象庁ホームページ 2024年）。

IPCC報告書の執筆者たちによると、1970年以降の地表温度の上昇は、過去2000年間における50年期間で最も急速なペースだった。こうした温暖化は「すでに地球上のあらゆる地域で、様々な気象や気候の極端な現象に影響している」という。

地球の気温上昇が猛威を振るい、死者を出すほどの高気温や山火事に加え、台風を含めた暴風雨による被害額が2020年に世界で約10兆円に達した。洪水は5兆円を超え、さらに生態系や農業など多

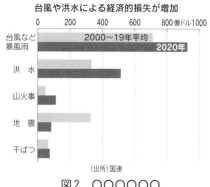

図2　○○○○○○
出典：

くの分野で被害が広がる（日本経済新聞　2021年）。図2参照

　なかでも、干ばつは穀物に多大な影響を与える。過去27年間（1983–2009年）に1回以上の干ばつ被害を受けた栽培面積は、コムギ1.61億ヘクタール（世界の収穫面積の75％）、トウモロコシ1.24億ヘクタール（82％）、コメ1.02億ヘクタール（62％）、ダイズ0.67億ヘクタール（91％）であり、4穀物の合計では世界の栽培面積の約4分の3に及ぶ。干ばつによる世界の平均収量の低下はで、コムギ8％（1ヘクタールあたり0.29トン）、トウモロコシ7％（0.24トン）、コメ3％（0.13トン）、ダイズ7％（0.15トン）である。平均収量低下率と収穫面積に国別の消費者価格を乗じて被害額を算出した結果、27年間の総被害額は世界全体で1,660億ドルに上る（農研機構　2019）。

　さらに生態系にも影響が及ぶ。2020年東アフリカ、アジア、中東を横断するサバクトビバッタ（Schistocerca gregaria）の大群が、食料供給と人々の暮らしを脅かした。コロナ渦であったことから、移動制限で現地に専門家を派遣できなかったり、殺虫剤の供給が遅れたりしたことが災いした。世界の最貧国65カ国以上で見られるサバクトビバッタは、ふだんは西アフリカからインドにかけての砂漠で単体行動をしている。卵を産むのに湿り気のある土を必要とするため、雨が降った後で繁殖する。サバクトビバッタなどのワタリバッタ類は、高密度下で育つと群生相と呼ばれる個体となり、集合性が高まる。特に激しい雨が降ると、バッタの数はみるみる増加し、ついには巨大な群れになる。加えて群生相の個体は、移動に適した性質を持っている。10カ国で計130万haでの殺虫作業が行われてきたが、喪失した穀物は推定270万tにのぼり、約1800万人分の食料が失われた形になる（日本経済新聞　2020年8月）。

（3）発展途上国の食生活の向上

　世界の食肉の消費量は、人口と所得の増加に伴い増加し、2033年の1人当たり年間食肉消費量は、28.6キログラム（21〜23年平均比1.8％増）と予測されている。国別の食肉消費量では、膨大な人口を抱える中国およびインドに加えて、ベトナム、米国、ブラジルの伸びが大きいと予測されている。

　一方、EUでは、消費者のアニマルウェルフェアや環境、健康に対する関

心の高まりにより、食肉消費量および1人当たり食肉消費量の減少が予測されている（独立行政法人　農畜産業振興機構ホームページ　2024）。

　牛肉消費量は、33年には8123万トン（同10.9％増）と予測されている。中国、インドおよびパキスタンでは中間所得層の増加に伴う消費増が予測されている一方、伝統的に牛肉の消費量が多いアルゼンチンやブラジル、米国、豪州、ニュージーランドなどでは、他の食肉に比べて牛肉価格が高いことや、温室効果ガス排出など環境問題に対する関心の高まりにより、1人当たり年間消費量は減少とされている。豚肉消費量は、欧州を除くすべての地域で増加するため、33年には1億310万トン（同7.7％増）と予測されている。豚肉が牛肉よりも安価であることから、中南米では1人当たり年間消費量が1.3キログラム（同11.9％）増加するが、その他の地域での消費量が伸びず、世界全体では10.6キログラム（同1.9％減）と予測されている。家きん肉[※2]消費量は、33年には1億5993万トン（同15.9％増）と予測されている。過去10年（14～23年）に続き、今後も同様にアジアが世界の消費増をけん引していくとされている。鶏肉は低価格であり、摂取できるたんぱく質に比べて脂肪分が少ないなど、健康的なイメージを持たれていることから、多くの国・地域で消費量の増加が予測されている（独立行政法人　農畜産業振興機構ホームページ　2024）。

　以上のことから、たんぱく質が不足するであろうことは推測できるが、今後牛や豚、鶏などの家畜を増やしていくことは難しい。その理由として、畜産環境問題が挙げられる。畜産環境問題とは、農家当たりの飼養規模の拡大や地域における混住化の進行、環境問題への関心の高まり等を背景として、家畜排せつ物による悪臭や水質汚染といった畜産経営に伴って発生する環境問題を「畜産環境問題」と言う。畜産経営に起因する苦情の発生件数は、近年ほぼ横ばい傾向で推移している（農林水産省ホームページ　2023）。

　また、国連食糧農業機関（FAO）によると、世界の温暖化ガスの総排出量のうち、畜産分野は14.5％を占める。とりわけ牛は大量の餌や水が必要なほか、ゲップやおならにメタンが多く含まれGHGの排出量が多い。家畜別のメタンの排出割合で牛は7割超を占める（日本経済新聞　2024年）と言われている。

　家畜を殖やすことばかりに気をとられると、私たちがこれまで経験した鳥

インフルエンザや牛海綿状脳症（BSE）などのように、経済的損害や健康被害を引き起こす事態になりかねない。

　畜産業も様々な問題を抱えており、これ以上家畜の数を増やすことも難しい状況である。

3. 代替肉

(1) 大豆ミート

　世界の大豆生産量は約4.2億トン（独立行政法人農畜産業振興機構　2024）えあるが、そのうち7割程度が搾油として使われている。大豆には20％しか油は含まれていないが、それでも炭水化物よりもたんぱく質よりも多く含まれている。搾油の搾りかすは、家畜の飼料とされている。つまり、大豆ミートは、そのまま大豆を食べるか、牛に食べさせて本当の肉にするかの違いである。2022年2月24日、大豆ミート食品類の日本農林規格（以下「JAS規格」）が制定された。これにより、大豆肉や大豆ミートといった肉やミートという言葉を一緒に表示することが出来るようになった。

　植物由来肉の世界市場は2018年の119億ドルから、2025年には212億ドルに拡大し、今後15年以内に1000億ドルを超え、代替肉全体では10年以内に肉市場全体の約10％に当たる1400億ドルになる、との予測がある。日本の代替肉の市場も、2030年には780億円程度に成長すると予想されている（東洋経済 2022）。

　代替肉の開発は、スタートアップをはじめ、大手企業も手掛けている。食品テックベンチャーのビヨンドミートは、2009年にアメリカ・カリフォルニアで事業を開始し、100％植物性（えんどう豆が主成分）の代替肉を製造し、同様にえんどう豆を主成分としたプラントボールといったミートボールを北欧家具の量販チェーンであるIKEA（イケア）が、販売している。えんどう豆は大豆アレルギーでも食べられ、大豆独特の匂いやえぐみがない。大豆ミートは、単独で食べるには、大豆特有の香ばしさが感じられるが、挽肉のようにミートソースに加工したり、本当の肉の嵩増しに使用したりする分には、十分に肉の代用を果たせる。

(2) 培養肉

　培養肉とは、動物の細胞から作った人工肉のことで、牧場ではなく研究室や工場で作られる。正式名称は細胞性食肉（もしくは細胞性食肉加工食品）であり、日本を含め、多くの国ではまだ一般販売が認められていない。

　2022年4月に日清食品ホールディングス健康科学研究部が「食べられる培養肉」を作った。「うまみ成分が肉汁として、じゅわっと感じられた」ということだったが、作られた培養肉は重さ2グラムで、しゃぶしゃぶ肉のような形をしている。日清食品ホールディングスと東京大学の研究グループは2025年3月までに長さ7センチ、幅7センチ、厚さ2センチ、約100グラムの「培養ステーキ肉」の実現を目指している。

　同様な取り組みで2023年3月、大阪大学や凸版印刷、伊藤ハム米久ホールディングスなどが3Dプリンターを使った「食用培養肉」の実用化に向けて共同研究を始めた。3Dプリンターを使って霜降りの牛肉をつくることができるということである。2年前に大阪大学などは培養した細胞を使って3Dプリンターで筋肉の繊維を組み立てて牛肉をつくることに成功していて、この技術を使えば、これまでは難しかった赤身の間に白い脂肪が網の目のように入ったサシの再現も可能になるということであった。

　どちらの培養肉も多額の費用がかかる。しかし、大量生産が可能になれば、環境に負荷をかけずに美味しい肉そのものが食べられるようになる。

4. 昆虫食

　一物全体食（いちぶつぜんたいしょく）という考え方がある。もともと仏教用語に一物全体という言葉がある。一物全体は「いちぶつぜんたい」とは、生き物が生きているのは丸ごと全体が一番バランスがいいのだから、そのまま摂取することが体のバランスを取るには最も望ましいという意味で用いられる。一物全体食とは、食材をできるだけ丸ごと食べることを指す。例えば、野菜なら皮や葉、根まで、魚なら頭から尾までを食べるという考え方で、これにより食材の持つ栄養素を余すところなく摂取できるだけでなく、食材を無駄にしないという環境にも優しい食習慣である。我々は、食材の美味しいところだけ食べてそれ以外のものは捨ててしまっているが、その捨てている

部分にこそ栄養が豊富に含まれていたりする。そう考えると、昆虫食はその食材を丸々頂くことができる数少ない食材である。

人類において昆虫食は今に始まったことではなく、古くは3500年〜2500年前の古代ギリシャ・ローマ時代にバッタやセミ、カミキリムシなどが盛んに食されていたことが知られている（新井哲夫ら 2009）。日本では、江戸時代になると頻繁に食されたいらしく、イナゴやスズメバチ類の幼虫、タガメ等々が煮る、焼く、漬ける、細かくしてでんぶにするなど様々な調理法が用いられていた（公益社団法人農林水産・食品産業技術振興協会ホームページ）。

昆虫を食べる文化は昔から存在するが、たんぱく源としても優秀で「動物性たんぱく質」の含有量も牛肉が17％であるにもかかわらず、昆虫は80％であり、昆虫は牛肉のおよそ4.7倍のたんぱく質を含んでいると言われている。

表1　コオロギと他の昆虫との比較

	コオロギ	バッタ	ミールワーム	カイコ
飼育容易度	やさしい	難しい	やさしい	やさしい
発育日数	1〜1.5ヶ月	2週間	〜数ヶ月	1ヶ月
体サイズ	大	大	中	大
食性	雑食	草食	雑食	草食（桑）
飼料効率	高	低	高	低

※株式会社グリラスホームページより

表1にあるように、コオロギは昆虫食の中でも条件を一番満たしているのが分かる。このコオロギの飼育をしている会社は、徳島県にある「Gryllus Inc.」、鹿児島県の株式会社Evoqueがありいずれもベンチャー企業である。

また、副業としてコオロギの飼育に参戦する企業もある。NTT東日本は「Gryllus Inc.」と提携し、通信技術を使用したスマート飼育をスタートさせ、近畿日本ツーリストはコオロギパウダーを使用したスナック菓子の開発をしている。

今回、コオロギの飼育施設を見学させて頂くことになったハイジェント株式会社も副業としてコオロギの飼育を始めた会社である。ハイジェントの山形工場では、めっきや精密機械加工を行っている工場の一部でコオロギを飼

育している。もともと埃を嫌うめっきや精密機械加工を行っている工場だけあって、空調管理が行き届いており、とても衛生的な室内でコオロギは飼育されていた。コオロギを飼育する部屋に置かれている衣装ケースの中で飼育されている。餌は豆腐を作る際に出来る「おから」や「お茶の出がらし」などである。「おから」は1999年の最高裁判所の判決で産業廃棄物と正式に認定された。その「おから」を乾燥させてコオロギに食べさせている。大豆を

図3　コオロギを飼育している部屋

図4　衣装ケースの中で飼育されているコオロギ

豆腐に加工している会社はハイジェントに「おから」を卸すことにより、産業廃棄物を捨てる際の料金がかからなくなり、コオロギの風味も良くなるため、いいこと尽くしである。

図5　ハイジェント工場の敷地内

　1ヶ月半経つとコオロギは成虫になるが、そこから回収前の一定期間コオロギを絶食させる。内臓に糞を残さないようにするためである。糞が内臓にあることにより、味に雑味が出るということだった。食材となる生き物を飼育することで、味にこだわっているようであった。

　最後に工場を去る際に、敷地内に生えている雑草が目を引いた。左側半分に写っている雑草が右側に比べてとても大きく、勢いよく伸びていた。実は左半分にコオロギの糞をまいているということだった。コオロギの糞がこれほど良い肥料になっているとは驚きだ。

　昆虫食と言っても、そこら辺の草むらからコオロギを採ってくるわけではない。ちゃんと人が食べるために餌にもこだわって飼育された食用のコオロギなのである。昆虫食を食べることに抵抗を感じる人たちはまだまだいっぱいいる。しかし人類はこれまでも飢餓に幾度か直面しながらも、ありとあらゆるものを食べて生き延びてきた。今回のプロテインクライシスも様々な知恵を駆使して乗り越えていくだろう。今後の展開に期待したい。

注

※1：IPCC
　　国連気候変動に関する政府間パネル（Intergovernmental Panel on Climate Change）の略。人為起源による気候変化、影響、適応及び緩和方策に関し、科学的、技術的、社会経済学的な見地から包括的な評価を行うことを目的として、1988年に国連環境計画（UNEP）と世界気象機関（WMO）により設立された組織である。
　　世界の科学者が発表する論文や観測・予測データから、政府の推薦などで選ばれた専門家がまとめる。科学的な分析のほか、社会経済への影響、気候変動を抑える対策なども盛り込まれます。国際的な対策に科学的根拠を与える重みのある文書となるため、報告書は国際交渉に強い影響力を持つ。

※2　家きん肉：家禽とは、肉や卵、羽毛などを利用するために飼育されている鳥の総称で、ニワトリ、ウズラ、アヒル、ガチョウ、シチメンチョウ、ホロホロチョウなどが該当する。

〔参考文献〕

新井哲夫、東野秀子（2009）「昆虫と食文化」山口県立大学学術情報　第2号　106〜123.

公益社団法人農林水産・食品産業技術振興協会ホームページ　多彩だった日本の昆虫食
　https://www.jataff.or.jp/konchu/hanasi/h02.htm（閲覧日：2024年11月9日）.

国際連合広報センター　ニュースプレス　2024年07月22日　世界の人口は今世紀中にピークを迎える、と国連が予測.

東洋経済　2022年6月21日　食料危機救う？急成長「代替肉」知られざる現在地.

独立行政法人農畜産業振興機構　調査情報部　ホームページ
　https://www.alic.go.jp/chosa-c/joho01_003883.html（閲覧日：2024年11月09日）.

日本経済新聞　2020年8月25日　世界で同時多発の害虫被害、穀物相場の火種に.

日本経済新聞　2021年8月28日　暴風雨被害、世界で10兆円　温暖化の経済損失広がる.

日本経済新聞　2024年5月12日　畜産由来の温暖化ガスとは　全排出の14.5%を占める.

農業・食品産業技術総合研究機構ホームページ　過去27年間の干ばつによる世界の穀物生産被害とその詳細な地理的分布
　https://www.naro.go.jp/project/results/4th_laboratory/niaes/2019/niaes19_s06.html ＃（閲覧日：2024年11月8日）.

農林水産省ホームページ　畜産環境問題とは　https://www.maff.go.jp/j/chikusan/kankyo/taisaku/t_mondai/01_mondai/（閲覧日：2024年11月09日）.

第11章　外食サービス国際化における養殖事業の現状

柳田　志学

1. はじめに

　近年、日本の外食サービス企業が加速度的に海外へと進出している。JETRO（2023）によると、アメリカ国内における日本食レストランは2022年12月時点で2万3,064軒にのぼり、2010年の調査から1.6倍に増加している。州別の軒数を見ると、1位のカリフォルニア州（約5,000軒）を筆頭に、ニューヨーク州、ワシントン州、フロリダ州など、西海岸と東海岸の都市部に集中している。とりわけカリフォルニア州といえばロサンゼルスやサンフランシスコなどの都市が有名であるが、広大なアメリカ本土の中でも他の州と比べて日本と物理的に近い。そのため同州では日本産食材の需要が急速に伸びたとされている。さらに日本食はヘルシーであるというイメージから、積極的に日本産の食材を取り入れたメニューを提供している。実際にロサンゼルスの日本食レストランでは、ある有名なスポーツ選手をお祝いするために真鯛が提供されており、その光景が日本国内でもニュースとして取り上げられていた。ここで注目すべき点は、提供されている真鯛の産地である。じつはアメリカ国内の日本食レストランで提供されている真鯛は米国産ではない。同国で流通する真鯛の多くは日本産とされており、具体的には日本の九州を拠点とする坂田水産という企業が、自社の養殖場で育てた鯛である。この鯛は「みやび鯛」と名付けられており、戦略的にブランド化された鯛が空輸で輸出されている。驚くべきことに、アメリカに輸出されている日本産真鯛のうち約70％が「みやび鯛」で占められているという。

　なぜ、このジャパンブランドの鯛はこれほど高いシェアを占めているのだろうか。一体どのような戦略を用いて、アメリカの外食サービス業界で「メジャーデビュー」するに至ったのだろうか。外食サービス企業の国際化にお

いて、現地での食材調達は進出先の国・地域で成功できるかどうかの生命線となる。とりわけ寿司などの海鮮を取り扱う場合、いかに新鮮な食材を安定供給できるのかが鍵となると言っても過言ではない。本稿では、外食サービス企業にとって生命線とも言える養殖事業にフォーカスする。具体的には「みやび鯛」を世界中に輸出するまで成長を遂げた坂田水産の優位性について考察するとともに、同社が国際化を果たすまでのプロセスと様々な戦略、さらには高井（2022）らが言及する養殖事業のイノベーションに関する研究を踏まえ、九州地域における養殖事業の現状と今後の展望について言及する。そして高級寿司などの日本食レストランをはじめとした外食サービス企業の国際化において不可欠となる鮮魚の調達と今後のあり方について若干の検討を行う。

2. 養殖事業の現状と先行研究のレビュー

あまり知られていないことだが、日本の食卓に並ぶ魚は天然魚ではない。その多くが養殖魚である。全国海水養魚協会（令和4年）によると、マグロは60％以上が養殖魚とされており、鯛はじつに80％以上が養殖魚で占められている（表1）。また、養殖事業といえば「近大マグロ」が有名だが、実際に養殖のマグロが日本国内のどこで飼育されているのか、という問いについては業界関係者でなければ正確に答えることができないだろう。マグロの生産（出荷尾数・出荷重量）が多いエリアを都道府県別で見ると、収穫されるエリアが偏っていることが分かる（表2）。例えば農林水産省の「海面漁業生産統計調査」によると、2024年の第1位は長崎県、第2位が鹿児島県で、愛媛県と高知県が続いている。また、養殖の鯛についてもエリアが偏っており、愛媛県が最大で、次に熊本県と高知県が続いている。カンパチは鹿児島県が養殖業では最大の漁場だとされており、養殖業は九州と四国が占めている。このエリアは海流が穏やかで養殖に適していることが理由の一つだが、自然環境といった要素条件を必須とするため、製造業とは異なり海外の企業が技術を模倣したところで同様の海面養殖を行うことは不可能だとされている。そのため「魚のコモディティ化」が生じることはない。また、「養殖魚の国際化」についてはクロマグロに限っていえば、日本から世界へ輸出されてい

るのではなく、地域の特性を活かした「九州」発のグローバル企業が世界中へと事業展開を行っている、という見方もできる。そして後述する坂田水産は表2の下線にある都道府県（いずれも上位）を事業拠点としており、まさに養殖業界の最前線で活躍する企業ということになる。

ここで簡単に養殖事業における先行研究のレビューを行う。養殖事業における研究は膨大に存在するが、養殖企業にフォーカスした研究（とりわけ国際ビジネス）の視点から分析した既存研究は少ない。その中でも高井（2016、2020）は2010年代前半という早い段階から養殖事業の成長可能性についてグローバルな視点から研究を行っている。具体的な事例として、スタートアッ

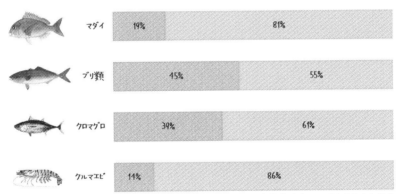

表1：主な魚種の養殖生産割合（令和4年）

出典：全国海水養魚協会公式ウェブサイトより抜粋

表2：令和5年における国内の養殖生産量（百トン以下は四捨五入）

	クロマグロ	真　鯛	かんぱち
第1位	長崎県（6300トン）	愛媛県（37900トン）	鹿児島県（14500トン）
第2位	鹿児島県（2300トン）	熊本県（9400トン）	愛媛県（2400トン）
第3位	高知県（2100トン）	高知県（7800トン）	宮崎県（2000トン）
第4位	愛媛県（1500トン）	三重県（36000トン）	香川県（1500トン）
第5位	三重県（1500トン）	長崎県（2600トン）	大分県（1100トン）

出典：農林水産省「海面漁業生産統計調査」より著者作成

プ企業のウミトロンの事業にフォーカスしながら、AI や DX など様々なテクノロジーを駆使した新たな養殖事業の到来について言及している。また、高井（2022）らはイノベーションの観点から養殖事業の今後の成長可能性について指摘している。同研究の貢献は、これまでビジネスの対象と見なされていなかった養殖事業に研究の余地を見出した点にある。ただし、ここで成長分野とされているのは陸上養殖であり、海面養殖の場合は「いくら科学的な知識を取り入れても外的要因の変化を完全にコントロールすることはできない」と指摘している。ウミトロンのように DX を用いた養殖事業が既存の海面養殖業界に普及するのかどうかについては可能性が未知数である。今後の成長を模索するためには養殖業界の協力が不可欠であり、いかに既存の養殖企業が新たな技術を導入し、イノベーションを生じさせるのかにかかっている。

3. 養殖業界のイノベーター「坂田水産」の事例

前節では日本国内における養殖事業の現状について概括するとともに、先行研究のレビューを行った。しかし養殖を中心とした水産会社のビジネス（すなわち一体どのくらいの規模で経営を行っているのか、あるいはどのような戦略に基づいて事業を行っているのか）については、ほとんど世間一般に知られていない。というのも、水産業界は政府の補助金により業界全体が守られている側面があり、企業間競争などの市場原理が作用されにくい業界だからである[1]。そのため水産会社によっては20年前からほとんど売上が伸びていないケースもあるという。そういった旧態依然の企業は大掛かりな投資を行いビジネスモデルの転換を行おうとするインセンティブが弱く、前述のように漁場に DX などのテクノロジーを導入したり魚の品質を向上させるための餌を開発する、といったイノベーティブな事業を行う可能性は低い。また、この業界が B to B の事業を中心としている点も大きい。たとえばアパレル業界では小売業者（ファーストリテイリングやアダストリアなど）の事業は B to C であり、消費者に近いため様々な戦略やビジネスモデルが検討されるとともに世間一般からの注目を集める。しかし繊維メーカーや繊維問屋は B to B であるがゆえに消費者から遠く、さほど世間一般から注目されることはない。

これは外食サービスにおいても同様のことが言える。丸亀製麺やコメダ珈琲など消費者に近いポジションで事業を行うBtoCの企業は独自の事業戦略が注目される一方で、（製造業で言うところのメーカーに位置づけられる）鮮魚を生産する養殖事業は重要な基幹分野であるにもかかわらずBtoBであることから営業やチャネルが重視されるにとどまり、それ以外のマーケティング戦略について検討されることが少ない。いわば閉ざされた業界だからこそ既存研究が少なかったと指摘することもできる。このような特殊な業界において独自の事業戦略を行うとともに研究開発に強みを持つ企業との積極的な連携をはかり、他社との差別化を図ったのが、本稿で取り上げる坂田水産である。

(1) 坂田水産の成長

　坂田水産は熊本県の天草市を拠点として九州各地に生産拠点を置く気鋭の水産会社である。同社は約30年前の1995年4月に設立されており、（業界最大手のマルハニチロやニッスイなど）創業50年以上の企業が多い水産業界においては比較的歴史の浅い企業である。後述する「みやび鯛」は熊本県の天草を中心に養殖されており、長崎県の沖合にはマグロの生け簀が設置されている。マグロが養殖されている場所は世界遺産となった軍艦島にほど近く、直径30〜40mほどの生け簀の中に1500匹ものマグロが泳いでいる。成長すると全長160cmにもなるため、その大きさは人間とさほど変わらない。同社ではこの生け簀を30基ほど設置してマグロを養殖している。マグロの食欲は旺盛で、筆者は社長の坂田氏に案内されて生け簀に独自の栄養成分が含まれた餌を手でまく作業に帯同したが、まさに生命のダイナミズムを目の前で体感できるとともに、さながら水族館の体験プログラムのようなエンターテイメント性のある光景を目の当たりにした。しかし通常は膨大な量の餌を必要とするため、生け簀に向けて1日2トンの餌をロケットのように放出するそうである。じつは養殖事業において最もコストのかかる内訳は餌代とされており、同社では餌代に毎月2億円の予算を投じている。さらに自治体には生け簀を設置するための賃料として、グループ全体で年間約2500万円を支払わなければならない。筆者は前述のように坂田氏が自ら餌を手でまくプロセス

に帯同したが、養殖事業とは想像を遥かに超えた巨額の資金が伴うビジネスであることを肌で感じた。まさにスケールメリット（規模の経済）が作用する事業であり、毎月数千万円や数億円という維持費が伴うため資金面に乏しい企業の新規参入は容易ではない。他の業界と比較すると参入障壁が極めて高いのが養殖業界の特徴である。

坂田水産は「みやび鯛グループ」として九州・四国各地（鯛は熊本県、長崎県、鹿児島県、愛媛県、マグロは長崎県、カンパチは長崎県・熊本県）で事業展開を行っているが、この養殖事業を中核として、2019年までには加工事業や外食サービスなど様々な事業へと多角化を行った。自社の商品は東京都（豊洲）、福岡県、山口県、熊本県などの国内市場に卸しており、その結果、同年の売上高は43億円となった。また、同社の養殖魚は、かつては日本有数の老舗旅館にも提供していたそうである。旅館業にとって料理の質を担保することは極めて重要であり、いくら海に面する旅館といえども安定して天然の魚を入手できるわけではない。ましてや毎日1000人以上もの宿泊者数を抱える大規模な旅館ともなると、提供される料理も膨大な量となる。そのため安定的に供給できる高品質の魚を確保することは旅館業において死活問題となりう

図1：長崎県の沖合にあるマグロの養殖場

出典：著者撮影（2024年9月21日）

る。だからこそ品質の良い養殖魚が提供されるのは当然の流れだと言える。それ以外にも大手寿司チェーン店の「すし銚子丸」は、同社の主力ブランドでもある「みやび鯛」を看板メニューの一つとして提供している。同チェーン店で提供されている価格は一貫480円（税込528円）と中トロの520円（572円）に匹敵する高価格帯である。それでも人気は衰えることなく、主力商品の一つとして提供され続けている。

　ところが同社は創業以来の窮地に陥る。2020年に生じた新型コロナ禍によって取引先は全てストップしてしまい、売上は大幅に低迷した。それでもECサイトによる販売などに活路を見出すなどの様々な方策で危機を乗り越え、V字回復を遂げるとともに2024年の時点で売上高は50億円に到達した。海外事業においては前述のようにアメリカに輸出される鯛の70％が同社のブランドであり、アメリカ以外にもマレーシア、タイ、ベトナム、フィリピン、シンガポール、台湾、中国、アラブ首長国連邦など世界９カ国・地域の企業と直接契約をしている。それ以外にも韓国の複数の商社が仲介となり世界中へと輸出されているため、把握していない国を含めると膨大な国に同社の商品が輸出されていることになる。

図２：みやび鯛と同価格帯の商品(2024年11月時点)
出典：すし銚子丸 公式ウェブサイトより抜粋

ここで特筆すべき点は、同社ほど急成長を遂げた水産会社は他に類を見ないという点である。冒頭でも触れたように、なぜこれほどの躍進を遂げることができたのだろうか。同社の事業を同業他社が参考にすることで、日本の養殖事業は今後さらなる成長を期待できるかもしれない。そこで本稿では坂田水産の社長にインタビュー調査を行った内容を踏まえて、同社の事業戦略と優位性について考察を試みる。

(2) 創業時の試練とイノベーションを育む土壌
　そもそも坂田水産は異端とも呼ぶべき状況から創業した。現社長でもある坂田正輝氏は、大学3年生のときに父親の事業を継承する形で突如、経営者として養殖事業を行わなければならなくなった。この一連のプロセスは同社の成長において極めて重要な起点となるので以下に詳細を記したい。
　坂田氏は高校まで九州の熊本県で育ち、高校卒業後は福岡にある大学の商学部へと入学した。学んでいた学部は文系ではあるが、もともと数学が得意な理数系の思考であり、論理的に物事を考えることが好きだったそうである。福岡で独り暮らしを始めた大学1年生のときはほとんど学校へ行かず、取得した単位数はたったの4単位であり惨憺たる状況であった。しかし大学2年時の巻き返しは凄まじいものがあり、様々なネットワークを駆使して1年間で72単位を取得した。当時は取得単位数に上限がなかった時代ではあるが、インターネットのない時代に独力でこれほどの単位を取りきるのは至難の業である。同氏はありとあらゆるネットワークを駆使しながら、まさに平日は朝から晩まで大学に通い詰めの生活となった。そこで単位を取りきったことからも、逆境こそが真価を発揮する性格だったものと推察される。そして大学3年生の時に人生の転機が訪れた。坂田氏自身は親の養殖事業を継ぐつもりは毛頭なかったという。そこで実弟が水産会社の跡を継ぐことになった。ところが蓋を開けてみたところ、衝撃の事実が発覚した。なんと同社は17億円の負債を抱えていたそうである。そのため坂田氏は覚悟を決めて大学を中退し、事業の立て直しをするべく熊本の実家に戻ることになった。しかし当時は同社の売上が年間2.3億円であり、誰がどう考えても17億円の負債を完済できる見込みはなかった。今にして思えば破産宣告をすることで負債

を帳消しにする方法もあったそうだが、同氏にとって自己破産の選択肢は頭の中に無く、一体どのようにすれば負債を完済できるのかを常に考えていたそうである。まさに大学時代と同じような逆境からの創業であった。

　この状態は日本企業がグローバル化を遂げたプロセスにとてもよく似ている。ファイブフォース分析やバリューチェーンなどの経営戦略で世界的に知られるハーバード経営大学院のマイケル・ポーターは、著書『国の競争優位』において次の点を指摘している。それは「選択的要素の劣位」の概念である。いわゆる経営資源（ヒト・モノ・カネ・情報）に恵まれている国が必ずしも優位性を保有するとは限らない。むしろ制約された環境だからこそ企業は創意工夫を行い、その結果としてイノベーションが生じて優位性をもたらすことができる。たとえば日本を代表とするグローバル企業のトヨタは通常であれば優位性をもたらすことはあり得なかった。なぜならアメリカ自動車企業の最大手だったフォード社のように豊富な国土や資源を保有しておらず、あらゆる要素が劣位の状況に置かれていたからである（その一方でフォードの優位性は大量生産による規模の経済であった）。しかしポーターの「選択的要素の劣位」の概念から考えると、トヨタにも勝機を見出すことができる。すなわちイノベーションによる劣位から優位への転換である。日本は狭い国土や限られた資源という劣位に置かれていたからこそ「ムリ・ムダ・ムラ」を無くすジャスト・イン・タイム（カンバン方式と呼ばれるトヨタ生産方式）をもたらし、他社に類を見ない超効率重視の多品種少量生産というイノベーションが生じたとみなすことができる。そしてこの状況は坂田水産においても同様のことが言える。通常の（借金を抱えていない）養殖事業であれば政府の補助金で既得権益が守られやすいため、さほど生産性を考慮しなくても企業はかろうじて存続することができる。親の代から何十年も続いている企業であれば、取引先となる卸売業者も安定的に確保されているため現状維持でも構わないと考えるだろう。しかし同社はまだ創業の歴史が浅いうえに17億円の負債を抱えており、現状のままでは「死に体」の状態であった。だからこそトヨタ生産方式のように劣位に置かれた状況からいかに現状を打破するべきなのかを考えなければならない。その結果として（後述する）様々な戦略を駆使して業界にイノベーションを生じさせたことになる。それでは一体どのような戦

略で同社は飛躍的な成長を遂げることができたのだろうか。

(3) 坂田水産の事業戦略

　結論から言えば、坂田水産の戦略は「選択と集中」の一言に尽きる。具体的には営業中心という悪しき慣習を捨て去る一方で、高品質の養殖魚づくりに特化し、養殖業界の将来を見据えたうえで、マグロと鯛にブランド名をつけてブランディングを図りながらプロモーションへと経営資源を集中したことにある。

　坂田氏は創業当初から確固たる信念を抱いていた。それは自社の商品はもちろん、養殖事業という業界そのものを安く買い叩かれないようにすることである。同社は創業当初にBtoBの業界にありがちな営業活動を中心とした事業を行っていた。ところが顧客となる取引先の対応は残酷なまでに冷たいものだった。まだ若く実績もない、ましてや巨額の負債を抱えていた社長のことを旧態依然の取引先は相手にしてくれるはずもない。もともと理数系の思考でもあった坂田氏は、この負のスパイラルから脱却するために、既存の水産会社が考えもしない戦略で差別化を図ることを目指した。それは「営業を行わなくても相手が購入してくれる」という仕組みづくりである。それは日本において経営の神様と呼ばれたピーター・ドラッカーの「マーケティングの理想は、販売（セリング）を不要にすることである」という発想に近い。そして坂田氏は「販売（セリング）を不要にする」ために、養殖業界において誰もやったことのない「自社の養殖魚に名前をつけてブランド化をはかる」というブランディングの戦略を行った。

　坂田水産の事業戦略はマーケティングの4Pに当てはめると分かりやすいだろう。まずはProductの視点から同社の優位性について検討を行う。養殖業界におけるProductの一つは商品すなわち養殖魚の品質を高めることだが、魚の品質を向上させることは容易ではない。というのも魚はいわゆるモノとは異なり、すぐに改善の効果が確認できないからである。一般的にマグロの飼育期間は2〜3年、鯛は1〜2年とされているため、どの餌が実際に効果（品質向上）をもたらすのかを確認するためには最低でも数年かかる。それに加えてマグロの養殖は一つの生け簀に1500匹が泳いでいるため、全て

の魚に同じ効果があるのかどうかは実際にやってみなければ分からない。ただでさえ飼料代が膨大にかかる養殖業界において、これ以上の研究開発費をかけたところで効果は得られず失敗する可能性もある。前述の通り、業界内には20年前から売上が伸びておらず既得権益に守られている水産会社も存在しており、そういった企業は自社の養殖に関するノウハウ（システム）が確立されているわけで、新たな餌を開発することに意義を見出さない。したがって既存の水産会社は餌の開発に着手することはなかったそうである。すなわち業界におけるイノベーターとして誰もやったことのない、まさに気が遠くなる地道な作業を繰り返す必要があるが、坂田氏は独自のネットワークを駆使して、食品メーカーの（マルハニチロと関係の深い）林兼産業グループと共同で養殖用飼料の開発へと着手した。同グループは大学との共同研究を行うなど研究開発事業に強みを持つ企業である。理数系の思考を持つ坂田氏は林兼産業グループとの共同で緻密な計算のもと調整を続け、ようやく15年もの歳月をかけて飼料の開発に成功したのである。これにより坂田氏が思い描いていた自社の養殖魚のブランディングに向けた差別化の土台が出来上がったこととなる。

　それでは坂田水産の養殖魚は一体どのようにしてブランディングに成功したのか。それは極めてシンプルな正攻法であり、科学的な実験に基づいたエビデンスの公開にある。前述のように林兼産業グループが持つ研究開発の強みは大学との連携による研究の蓄積であった。ここでもし「餌の開発により鯛の品質が向上した」と言われても、実際に何がどう変化したのかが分からなければ消費者への訴求効果は低い。というのも、味覚とは人それぞれ異なる主観的なものだからである。そこで坂田氏は餌の開発による品質向上により自社の養殖魚に何がどう変化したのかを科学的な側面から客

図３：坂田水産が用いるマグロの養殖用飼料
出典：著者撮影（2024年9月21日）

観的に提示することにした。同社が着目したのは鯛に含まれる旨味・甘味成分（アミノ酸の数値）である。自社の鯛を「日本食品分析センター」に持ち込み、鯛に含まれるアミノ酸の数値を分析した。すると、なんと通常の鯛の3倍もの高い数値を出したのである。これにより客観的に旨味・甘味成分が含まれる鯛であることが立証された。そこで坂田氏は自社の鯛とマグロに「みやび鯛」「みやび鮪」という名前をつけた。この名称は老若男女の誰もが一度は聞いたことがあり、かつ記憶に残っている「みやび」という名前から引用したそうだが、偶然にも坂田氏の奥様が「雅子」という名前であり、そこからもインスピレーションを得たのだという。これらの名称は既に日本国内で商標登録がなされているが、坂田氏が自社の養殖魚にブランド名を呼称した当時は、たんなる養殖魚としてそのまま市場に出荷するのが通例であり、どこの水産会社の魚なのかはほとんど重視されていなかった。すなわち「九州の魚」あるいは「熊本県産（長崎県産）の魚」にとどまっていたマグロと鯛を「坂田水産の魚」として消費者に認知させることを目指したのである。ところが当時は同業他社の誰も自社の魚にブランド名をつけることなど考えもつかなかった。そのため、完全にイノベーターの扱いを受けたのだという。イノベーターの概念はロジャーズが1962年に提唱したイノベーションの普及プロセスから来ているが、イノベーションが普及するプロセスにおいて最初に製品・サービスを採用する人々のことを指す。イノベーターの特徴はマニアあるいは変わり者であり、新しさへの冒険心が強い。さらに社会における不確実性への耐性が強く、周囲の評価を気にしないとされている。全体に占める割合はたったの2.5％だとされており、このイノベーターが次のプロセスに至るアーリーアダプターへと伝播し、さらにアーリーマジョリティが採用することで社会へと新たなイノベーションや製品・サービスが普及されていく[2]。この一連のプロセスから考えると、まさに坂田氏はイノベーターであった。なぜイノベーターになり得たのかといえば、それは前述の通り17億円の負債を抱えた若手経営者という逆境に置かれていたからに他ならない。もし同社が安定した環境下に置かれていたら、今の坂田水産は存在していなかったと言っても過言ではないだろう。

　結果的にこのブランディング戦略は成功を遂げており、2019年にはアメリ

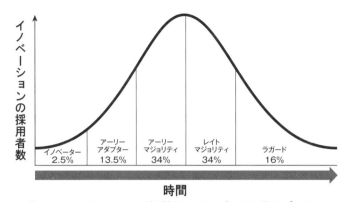

表3：イノベーション（新製品・サービス）の普及プロセス

出典：ロジャーズ（2007）p.229より著者作成

カでも「MIYABI TAI」という呼称で商標登録された。外国人にも発音しやすく類似のブランドもないことから、まさにグローバルでも通用する絶妙なブランド名だといえる。これらの選択と集中によりProductの要素を徹底的に追求し、坂田氏はこれまで養殖事業において慣例化されていた営業中心のビジネスモデルを捨て去ることができるようになった。そして同業他社や取引先から足元を見られるという屈辱的な思いをすることもなくなったのである。

　また、同社には飼料の開発やブランディング以外にも他社とは異なるProductの強みがある。坂田水産の鯛とマグロは一般的な養殖魚よりも育成年数が長い。前述のようにマグロの飼育期間は2〜3年、鯛は1〜2年とされているが、「みやび鮪」は5年、「みやび鯛」は2〜3年と2倍もの歳月を経て市場へと出荷されている。いわば熟成された養殖魚であり、ここまで徹底的にProductを追求すれば、Priceに関してはほとんど考慮する必要がなくなる。坂田氏はそのことを感覚的ではなく戦略的に実行していた。なぜなら商品の品質が良ければ価格を下げる必要はないと考えたからである。もちろん同業他社を出し抜いて、自分さえ儲ければそれで良いという発想は毛頭なかった。あくまでも業界全体の価格が適正価格の範囲内に収まるような価格設定を貫き通してきた。これにより取引相手から不当に安く買い叩かれる心配もなくなり、安定した価格を維持できるため養殖業界全体の社会的地位

が向上する。あくまでも業界の未来を見据えたうえで価格設定を行ってきたのである。これほど強気な態度に出ることができたのも完成された品質の「みやび鯛」（Product）があるからであり、同社のビジネスから学ぶことは多い。アパレル業界のように値下げを前提としたビジネスモデルが横行している業界が多い中で、一切の値下げをせず自らの仕事に誇りと自信を抱くことができる環境は極めて重要だと言える。

　そして同社の真骨頂とも言える戦略がPromotion（プロモーション）である。前述のように当時の養殖業界では通例とされていた営業の手法を坂田氏は完全に捨象した。そしてProduct（すなわち「みやび鯛」のブランディング）とPriceが確立された段階で、同社は業界の常識を覆す戦略を行った。それは巨額の広告費用を投じて九州エリアにTVのCMを放映するというものである。これは養殖業界の常識から考えると考えられない戦略であり、なぜなら養殖業界はBtoBの事業が大半だからである。まさにイノベーターとも言うべき行動だが、そもそも養殖業界においてBtoCを見込んだプロモーションのために広告費用を投入させる必要はない。しかし坂田氏は当時のことを振り返り、もしTVのCMがなければ海外での販路（Place）を開拓することはなかったと述べている。たまたま自社のCMを見た韓国の商社などが海外輸出の交渉を打診してきたそうである。たしかにマーケティングの理論においては「市場浸透価格戦略」が存在する。これは市場の導入期において、あえて赤字覚悟で市場に参入し、まずは自社のブランドを認知してもらうことでシェアの獲得を狙う戦略である。いずれ市場が成長期に移行することで、既にブランドが認知されている企業は先行者優位（先発優位）[3]の恩恵に預かることができる（その結果として赤字を回収することができる）。坂田社長の戦略はこれに近いものがある。広告への投資は短期的には損失となるが、長期的に見れば認知度の向上や従業員のモチベーション向上、さらには取引先の開拓など予想もしないビジネスの機会に恵まれるだろう。ましてや業界の誰もやったことのない戦略だったからこそ、九州での認知度NO.1のブランドとなり、現在のようなアメリカにおける鯛の総輸出の70％が「みやび鯛」で占めるまで成長することができたのである。

4. おわりに

　本稿では、養殖事業において急成長を遂げた坂田水産の成功事例とその要因についてインタビュー調査と現地調査を踏まえて論考を行った。これまで論じてきたように、坂田氏の養殖事業に対する挑戦的な姿勢はまさにイノベーターそのものである。皮肉な話ではあるが、もし大学3年生のときに17億円の負債を抱えていなければ、ここまで坂田水産が成長を遂げることはなかったかもしれない。まさに逆境と挑戦の環境こそが坂田氏を養殖業界のイノベーターにならしめたと言っても過言ではない。前述のように養殖事業は日本の外食サービス企業が国際化を図る際に、いわば成長のエンジンとして重視されている。だからこそ坂田水産と同じようにグローバルを視野に入れた企業が多く誕生することが望ましい[4]。

　しかしここで一つの疑問が残る。それは同業他社が坂田氏の事業を模倣するとともに養殖事業は成長を遂げることができるのだろうかという点である。これについては残念ながら難しいと言わざるを得ない。というのも、坂田水産のように他社との連携を図り、栄養価の高い養殖用飼料を開発するとともに自社の養殖魚をブランド化することは理論上不可能ではないが、それを実行に移す環境が現在の養殖業界には無いそうである。前述の通りDXなどのテクノロジーを用いた新興企業が養殖業界にイノベーションを起こそうとしているが、じつはここに養殖業界特有の悪しき慣習があるという。この業界はいわゆるムラ社会のような狭いコミュニティであり、既存の水産会社の大半は変革を好まない。坂田水産のように巨額の負債を抱えていた企業の戦略（ブランディングなど）を当初は嘲笑っていた。それを今さら掌を返すように模倣するなど「プライドが許さない」のである。そのことを坂田氏自身も指摘しており、養殖業界の今後を考えると、これ以上の事業拡大は考えていないそうである。いわゆる「出る杭は打たれる」「足の引っ張り合い」という風潮を打破しなければ養殖業界にイノベーションを普及することは困難なのかもしれない。今後は坂田氏のようなイノベーターが多く誕生し、養殖業界で活躍することを期待するとともに、九州発のグローバル企業が多く誕生することを願ってやまない。

注

1 本来ならば市場の競争原理によって倒産してもおかしくない状態だが、様々な既得権益によって存続している企業が一定数いるそうである。業界内では、そういった成長の見込みがない企業のことを『ゾンビ企業』と揶揄されている。
2 このイノベーションの普及プロセスを踏まえ、ジェフリー・ムーアはキャズム理論を提唱している。すなわち研究開発を行ったものの製品・サービスを社会へと普及することができず、キャズム、すなわち『死の谷（Valley of Death）』に落ちてしまうケースが多数ある。そのプロセスで最も多いのがアーリーアダプターからアーリーマジョリティに伝播できなかったケースであり、アーリーアダプターがイノベーション普及の鍵を握るとされている。したがって新たなイノベーションをいかにアーリーマジョリティまで到達するのかが重要である。
3 先行者優位（先発優位）とは、他社に先駆けて市場へと参入することで、様々な資源（ヒト・モノ・カネ・情報）を独占したり市場におけるリーダー的ポジションを獲得することで、長期にわたり市場で利益を獲得できることを指す。
4 坂田水産が「みやび鯛」を供給している「すし銚子丸」は、2024年5月にロイヤルホールディングスと双日の3社協業でアメリカでの合弁会社設立を発表した。今後はアメリカで日本発の寿司チェーン店が加速度的に店舗展開する可能性があり、食材を供給する養殖事業もさらなる成長が期待されている。

〔引用・参考文献〕

有路昌彦「グローバル市場を攻めるこれからの養殖業」『AFC フォーラム』2014年10月号、7-10.

JETRO（2023年3月）『2022 年度 米国における日本食レストラン動向調査』日本貿易振興機構（https://www.jetro.go.jp/ext_images/_Reports/02/2023/60677c66b878273d/pf_lag_2303.pdf）、2025年1月20日閲覧.

川端基夫（2014）「日系外食企業の海外進出に果たすサポーティング・インダストリーの役割」『商学論究』第62巻第1号.

マイケル・ポーター著、土岐坤他翻訳（1992）『国の競争優位（上・下）』ダイヤモンド社.

日刊みなと新聞（2018年10月11日）『インタビュー坂田水産坂田正輝社長』みなと山口合同新聞社.

髙井透（2016）「ノルウェー水産業に学ぶビジネスモデル」『世界経済評論 IMPACT』世界経済評論（http://www.world‐economic‐review.jp/impact/article767.html）、

2024年11月26日閲覧.

─── (2019)「グローバル企業のサステナビリティ経営：スクレッティング社の戦略」『世界経済評論 IMPACT』世界経済評論 (http://www.world-economic-review.jp/impact/article1350.html)、2024年11月26日閲覧.

─── (2020)「グローバル化からみる日本の水産養殖事業」『世界経済評論 IMPACT』世界経済評論 (http://www.world-economic-review.jp/impact/article1650.html)、2024年11月26日閲覧.

─── (2021)「水産業のデジタルトランスフォーメーション」『世界経済評論 IMPACT』世界経済評論 (http://www.world-economic-review.jp/impact/article2288.html)、2024年11月26日閲覧.

髙井透・内田亨 (2022)「養殖事業のイノベーションと新規事業創造：陸上養殖事業の事例を中心に」『情報経営』情報経営学会、42巻2号、38-50.

ロジャーズ (2007)『イノベーションの普及』翔泳社.

＜謝辞＞

本稿は JSPS 科研費『JP20618508』の助成を受けた研究成果の一部である。また、現地調査ならびにインタビューを快諾いただいた坂田水産の社長、坂田正輝氏と奥様の雅子氏、ならびに坂田有加氏 (筆者のゼミ OG) には多大なる協力をいただいた。この場を借りて御礼を申し上げる。

【ソシオ情報シリーズ 24】　デザインと社会情報学

執筆者一覧

江良　智美	目白大学 専任講師	デザイン学・服飾文化	第1章
竹山　　賢	目白大学 専任講師	建築学・デザインプロデュース	第2章
長崎　秀俊	目白大学 教授	マーケティング・ブランド戦略	第3章
藤巻　貴之	目白大学 専任講師	社会心理学	第4章
馬　　珊珊	目白大学 助手	臨床心理学	第5章
山口　達男	目白大学 助教	情報社会論	第6章
内田　康人	目白大学 教授	社会情報学・計算社会科学	第7章
廣重　剛史	目白大学 准教授	社会哲学・社会デザイン	第8章
田中　泰恵	目白大学 教授	社会デザイン	第9章
日比　香子	目白大学 准教授	食品科学・食育	第10章
柳田　志学	目白大学 専任講師	国際ビジネス・サービスビジネス	第11章

デザインと社会情報学
――感性デザインから行動デザイン、社会デザインまで――
ソシオ情報シリーズ24

令和7年3月25日　初版発行

定価はカバーに表示してあります。

　　　Ⓒ編著者　　目白大学社会学部社会情報学科
　　　　発行者　　吉　田　敬　弥
　　　　発行所　　株式会社 三 弥 井 書 店
　　　　　　　　　〒108-0073東京都港区三田3-2-39
　　　　　　　　　　　　電話03-3452-8069
　　　　　　　　　　　　振替00190-8-21125

ISBN978-4-8382-3426-4 C0036　　整版・印刷　エーヴィスシステムズ

ソシオ情報シリーズ　バックナンバー

【ソシオ情報シリーズ23】変容する社会と課題の認識・設計 ―社会課題の解決に向けて―

Ⅰ　社会課題の認識と設計

- 第1章　社会的対立に関する現象学的研究のための試論　　　　　　　　　　廣重　剛史
- 第2章　「参加型」に設計された場における非参加に耳を澄ます
  　　　―参加型学習、マネジメント、SNSを例として―　　　　　　　　井口　尚樹
- 第3章　複雑化する社会に組織はいかに適応すべきか
  　　　―複雑系、進化生物学、進化心理学、進化ゲーム理論の視点から―　内田　康人
- 第4章　外食産業におけるグローバル市場の変容と日本企業の現地適応　　　柳田　志学
- 第5章　国境を越えて認識されるブランドの研究　　　　　　　　　　　　　長崎　秀俊
- 第6章　消費社会の「これまで」と「これから」　　　　　　　　　　　　　田中　泰恵
- 第7章　コロナ2類感染症指定の大罪 ―人口動態統計が語る衝撃の事実―　　林　俊郎

Ⅱ　産業・文化の変容とAI・DX・メディア

- 第8章　水産業の現状とAIの活用　　　　　　　　　　　　　　　　　　　日比　香子
- 第9章　デジタルファッションの未来 ―DXによる「着ること」の価値変容―　江良　智美
- 第10章　「絵本の持ち聞かせ」の提案　　　　　　　　　　　　　松岡　陽・宮田　学
- 第11章　素人化するアイドル，アイドル化する素人
  　　　―SNS時代における「エンタテインメント」―　　　　　　　　　山口　達男

【ソシオ情報シリーズ22】AI・データサイエンス・DXと社会情報学

- 第1章　AIを眺める　　　　　　　　　　　　　　　　　　　　　　　　　新井　正一
- 第2章　AIとの共存を社会科学から考える ―学際的アプローチ―
  - 1　社会心理学からのアプローチ ―対人認知とAI・ロボティックス―　藤巻　貴之
  - 2　AIとデザイン　その表現の「境界」
    　　―新しい表現方法としてのAI技術について―　　　　　　　　　竹山　賢
  - 3　AIがビジネスにもたらす影響とは　　　　　　　　　　　　　　　柳田　志学
  - 4　行政・まちづくり分野におけるDXとAIの活用　　　　　　　　　土屋　依子
- 第3章　消費者とAI ―消費者相談分野のAIの活用―　　　　　　　　　　　田中　泰恵
- 第4章　東南アジア諸国におけるデジタルサービスの各国比較　　　　　　　柳田　志学
- 第5章　メディア内容分析におけるデータサイエンス手法の活用
  　　　―コンピュータ・アルゴリズム，AI・機械学習，ビッグデータ―　　内田　康人
- 第6章　置いてけぼりにしない統計教育を目指して
  　　　―社会情報学科の統計・データサイエンス科目の授業実践の事例―　　井口　尚樹

＜第2特集：社会情報学の諸相＞

- 第7章　大学で世界をこれまでとは違った角度から考えるための方法　　　　廣重　剛史
- 第8章　「絵本の持ち聞かせ」　　　　　宮田　学・松岡　陽・高橋　伴奈・Shuman ZHU
- 第9章　リブランディングは何故行われるのか　　　　　　　　　　　　　　長崎　秀俊
- 第10章　ウクライナ戦争の実相と日本の危機　　　　　　　　　　　　　　 林　俊郎

【ソシオ情報シリーズ21】「コロナ渦」以降の社会と生活 ―社会現象・生活様式・社会展望―

- 第1章　コロナ禍における対人関係　　　　　　　　　　　　　　　　　　　藤巻　貴之

第2章　音楽、ヒップホップ・R&B ファンの新型コロナウイルス感染症に
　　　　対する意識 ―全国大学生調査から―　　　　　　　　　　　　　　　　井口　尚樹
第3章　ワクチン接種をめぐる若者の意識変容と意思決定
　　　　―大学生への質的・量的調査から―　　　　　　　　　　　　　　　　内田　康人
第4章　コロナ後の衣生活　　　　　　　　　　　　　　　　　　　　　　　　大枝　近子
第5章　フィンランド流のおうち時間 "Kotoilu" から学べること
　　　　―コロナ禍における自粛期間からの気づき―　　　　　　　　　　　　竹山　賢
第6章　今に息づく北村透谷　　　　　　　　　　　　　　　　　　　　　　　橋詰　靜子
第7章　コロナ後の世界　　　　　　　　　　　　　　　　　　　　　　　　　林　俊郎
＜第2特集：食と産業をめぐる今日的論点＞
第8章　アニマルウェルフェアと畜産食品　　　　　　　　　　　　　　　　　田中　泰恵
第9章　外食サービス企業の新興国市場参入に関する考察　　　　　　　　　　柳田　志学
第10章　アーキタイプの変更によるブランドの復活
　　　　―サントリー伊右衛門復活のパッケージ戦略―　　　　　　　　　　　長崎　秀俊

【ソシオ情報シリーズ20】　コロナ禍と社会デザイン
1　コロナの真実 ―正体見たり枯れ尾花―　　　　　　　　　　　　　　　　　林　俊郎
2　コロナ禍後の日本社会・経済はどう変わる　　　　　　　　　　　　　　　木村由紀雄
3　社会デザインと社会哲学 ―日本経済の現状と合同ゼミの活動を事例として―　廣重　剛史
4　食事づくりの「参加」を主体とした地域交流活動　　　　　　　　　　　　星　玲奈
5　ワークショップの情報化と可視化のための参加型アプローチ
　　　　　　　　　　　　　　　　　　　　　　森　幹彦・小山田雄仁・前波　晴彦
6　エンゲージメントを "引き出す"　　　　　　　　　　　　　　　　　　　　藤巻　貴之
7　心豊かに暮らすための「コツ」をフィンランドから学ぶ
　　―フィンランド人の「モノ」との関わり方を通して―　　　　　　　　　　竹山　賢
8　東南アジア諸国における男性用化粧品市場の現状と美容サービス国際化の
　　可能性について　　　　　　　　　　　　　　　　　　　　　　　　　　柳田　志学
9　店頭でブランド再認に貢献するパッケージ要因の研究　　　　　　　　　　長崎　秀俊

【ソシオ情報シリーズ19】　社会情報の現場から
1　まやかしのがん情報 ―国が蔓延させた日本人のがん―　　　　　　　　　　林　俊郎
2　今後の衣生活の展望　　　　　　　　　　　　　　　　　　　　　　　　　大枝　近子
3　「コト」のデザインの広がり　　　　　　　　　　　　　　　　　　　　　田中　泰恵
4　子どもの貧困と食　　　　　　　　　　　　　　　　　　　　　　　　　　星　玲奈
5　矢祭町への農業体験研修について　　　　　　　　　　　　　　　　　　　星　玲奈・松岡　陽
6　コミュニティ再生のための理論と実践　　　　　　　　　　　　　　　　　廣重　剛史
7　学生が地域活性化活動に参加する意義と効果測定への試案　　　　　　　　藤巻　貴之
8　ゼミ活動における "ほめトレーニング" の効果の検討　　　　藤巻　貴之・澤口　右京
9　文系学生に対するＡＩ教育のあり方を探る　　　吉岡由希子・小川真里江・新井　正一
10　中国における世界最先端のマーケティング事例　　　　　　　　　　　　　長崎　秀俊

【ソシオ情報シリーズ18】　エシカル消費と社会デザイン —社会情報学の展開—
巻頭言　　　　　　　　　　　　　　　　　　　　　　　　　　　　　　　　　　林　俊郎
1　消費行動による社会デザイン —「エシカル消費」の意義—　　　　　　　田中　泰恵
2　エシカルファッションの可能性　　　　　　　　　　　　　　　　　　　大枝　近子
3　中国市場における資生堂のブランド戦略　　　　　　　　　　　　　　　長崎　秀俊
4　東南アジア4ヶ国の外食サービス企業に関する比較研究　　　　　　　　柳田　志学
5　「デザインの力」を活用した防災ツールの提案　　竹山　賢・吉岡由希子・藤巻　貴之
6　グループワークにおける会話の定量評価の試み　　　　　　　　宮田　学・秋元　結衣
7　対人関係から考えるポジティブ心理学　　　　　　　　　　　　　　　　藤巻　貴之
8　世界政府幻想　　　　　　　　　　　　　　　　　　　　　　　　　　　林　俊郎
9　働き方改革は日本を変える？　　　　　　　　　　　　　　　　　　　　木村由紀雄
10　「柳田素雄」のこと　　　　　　　　　　　　　　　　　　　　　　　　橋詰　静子

【ソシオ情報シリーズ17】　社会デザインの多様性
巻頭言　　　　　　　　　　　　　　　　　　　　　　　　　　　　　　　　　松川　秀樹
1　日本医療の大革命 —糖尿病とダイエット—　　　　　　　　　　　　　　林　俊郎
2　エシカルファッション推進のために　　　　　　　　　　　　　　　　　大枝　近子
3　クレーム研究とソーシャルデザイン　　　　　　　　　　　　　　　　　田中　泰恵
4　社会を生き抜くためのポジティブ心理学　　　　　　　　　　　　　　　藤巻　貴之
5　ＬＧエレクトロニクス社のグローバル・ブランド戦略　　　　　　　　　長崎　秀俊
6　外食サービス企業の国際化における考察
　　—東南アジア諸国を事例として—　　　　　　　　　　　　　　　　　柳田　志学
7　人手不足問題の行方 —その社会的な影響を探る—　　　　　　　　　　　木村由紀雄
8　フィンランド・デザイン　その優れたデザインが創出される背景
　　—フィンランド独立100周年の節目に—　　　　　　　　　　　　　　　竹山　賢
9　特色ある建築・都市空間のためのゾーニングのあり方　　　　　　　　　藤賀　雅人
10　北村透谷の言語形成過程・富士登山の漢詩を読む　　　　　　　　　　　橋詰　静子

【ソシオ情報シリーズ16】　社会デザインと教養
1　教養としてのプログラミング教育　　　　　　　　　　　　　　　　　　新井　正一
2　哲学史入門 —現代社会と「私」を考えるために—　　　　　　　　　　　廣重　剛史
3　アベノミクスを受け入れた社会　　　　　　　　　　　　　　　　　　　木村由紀雄
4　悪法のシナリオ　　　　　　　　　　　　　　　　　　　　　　　　　　林　俊郎
5　2021年以降の木造密集市街地の暮らし　　　　　　　　　　　　　　　　藤賀　雅人
6　人はパッケージのどこを見ているのか　　　　　　　　　　　　　　　　長崎　秀俊
7　絵本を「持ち替える」　　　　　　　　　　　　　　　　　　　　　　　宮田　学
8　イスラムファッションの現在と今後 —トルコを事例として—　　　　　　大枝　近子
9　高齢期の社会心理　　　　　　　　　　　　　　　　　　　　　　　　　渋谷　昌三
10　作家 佐藤愛子と『晩鐘』　　　　　　　　　　　　　　　　　　　　　　橋詰　静子

【ソシオ情報シリーズ15】 社会情報学から社会デザインへ

1. ソシオ情報シリーズの変遷と社会デザインへの視点 　　　　　　　　松川 秀樹
2. 二十一世紀の奇跡 ―エネルギー革命がもたらす新世界― 　　　　　　林 俊郎
3. ソーシャルデザインの学び 　　　　　　　　　　　　　　　　　　田中 泰恵
4. ソーシャルな空間とは？ ―墨田区のアートスペースを中心に― 　　藤賀 雅人
5. 持続可能な地域社会のデザイン
　―東北の防潮堤問題と「椿の森プロジェクト」― 　　　　　　　　　廣重 剛史
6. 対話に役立つ心理的な環境要因 　　　　　　　　　　　　　　　　渋谷 昌三
7. エシカルファッションの現状と課題 　　　　　　　　　　　　　　大枝 近子
8. 企業のＣＳＶ活動が購買意思決定に与える効果 　　　　　　　　　長崎 秀俊
9. 移りゆく女性向け二次創作 ―ネットメディアが変える腐女子の姿― 　瀧澤 千佳
10. 篠田桃紅と桃紅処士 　　　　　　　　　　　　　　　　　　　　橋詰 静子

【ソシオ情報シリーズ14】 社会デザインへのアプローチ

1. ＜社会感性＞とソーシャルデザイン 　　　　　　　　　　　　　　松川 秀樹
2. 法隆寺コード 序章 　　　　　　　　　　　　　　　　　　　　　野田 正治
3. 明治十八年の富士登山記 ―うけつぐ心― 　　　　　　　　　　　橋詰 静子
4. 迷走する「朝日新聞」 　　　　　　　　　　　　　　　　　　　　林 俊郎
5. 戦後都市デザインの要素としくみ 　　　　　　　　　　　　　　　藤賀 雅人
6. ＰＢ商品の過去・現在・未来 　　　　　　　　　　　　　　　　　高谷 和夫
7. ＣＳＲとブランディング 　　　　　　　　　　　　　　　　　　　長崎 秀俊
8. アパレルショップのＶＭＤ
　―ユーカリプラザ内Ｆ店の売り場を演出する― 　　　　　大枝 近子・高橋美登梨
9. イノベーションの発展と雇用、就活 　　　　　　　　　　　　　木村由紀雄
10. コミュニケーション・スキル学習のためのワークシート 　　　　渋谷 昌三

【ソシオ情報シリーズ13】 社会をデザインする

1. ソーシャルデザインと社会情報の一考察 　　　　　　　　　　　　松川 秀樹
2. 社会デザインの潮流 　　　　　　　　　　　　　　　　　　　　　田中 泰恵
3. 東日本大震災復興の現在点 ―陸前高田市の復興計画課題を中心に― 　藤賀 雅人
4. コミュニケーション力の社会心理学的考察 　　　　　　　　　　　渋谷 昌三
5. ネット上の集合・群衆行動 ―ネットではなぜ過激化しやすいのか― 　内田 康人
6. 消費者はなぜ人と同じものを欲しがるのか？
　―無意識における知覚的流暢性とプライミングの効果― 　　　　　　加藤 祥子
7. 狂った脳内時計 　　　　　　　　　　　　　　　　　　　　　　　林 俊郎
8. 市場経済との付き合い方 ―日本人に求められている姿勢とは― 　　木村由紀雄
9. 日本のファッションデザインにおける「和」の表現 　　　　　　　大枝 近子
10. 子ども服の変化 ―1983年と2013年の比較― 　　　　　　　　　高橋美登梨
11. 酒の文化 　　　　　　　　　　　　　　　　　　　　高梨 宏美・林 俊郎

| 12 | ＜渡し守＞考 ―二世紀を生きる思想― | 橋詰 静子 |
| 13 | 日本的考える力 その二 | 野田 正治 |

【ソシオ情報シリーズ12】 放射能への恐怖
1	放射能への恐怖	林 俊郎
2	過去に学ぶ『三陸海岸大津波』と透谷・芭蕉・石牟礼道子	橋詰 静子
3	小説にみられる社会情報的視点 ―「つながり」をキーワードとして―	松川 秀樹
4	日本的考える力	野田 正治
5	女性の脚衣の源流としてのトルコ風ズボン	大枝 近子
6	脱コモディティ化のマーケティング戦略	高谷 和夫
7	日本人の消費に見られる「横並び志向」の潮流 ―概念的整理を中心に―	加藤 祥子

【ソシオ情報シリーズ11】 未体験ゾーンに突入した日本
1	未体験ゾーンに突入した日本	林 俊郎
2	日本人の視点	野田 正治
3	武蔵野遠く春来れば ―郊外の発見、『武蔵野』を読む―	橋詰 静子
4	ピクチャー・ブック（絵本）からフリー・ブック（自由絵本）へ	宮田 学
5	情報操作でその気になる・させる	渋谷 昌三
6	リアル・クローズの行方	大枝 近子
7	色彩の心理と生理的反応の一考察 ―社会情報の視点から―	松川 秀樹
8	情報としての食品表示	田中 泰恵
9	消費者の貯蓄から投資へのシフトはなぜ進まなかったのか	木村由紀雄
10	日本社会における相互依存的消費の背景	加藤 祥子
11	氷河時代の就職活動Ⅱ ―社会に通用する人になろう―	高谷 和夫

【ソシオ情報シリーズ10】 風評被害の深層
【ソシオ情報シリーズ9】 情報の人心誘導
【ソシオ情報シリーズ8】 社会情報の論点
【ソシオ情報シリーズ7】 環境ファディズムの恐怖
【ソシオ情報シリーズ6】 火の人類進化論
【ソシオ情報シリーズ5】 情報を科学する
【ソシオ情報シリーズ4】 情報を斬る
【ソシオ情報シリーズ3】 情報の「ウソ」と「マコト」
【ソシオ情報シリーズ2】 情報のリスク
【ソシオ情報シリーズ1】 社会情報の眼